COMO SE ENCONTRAR NA ESCRITA

ANA HOLANDA

COMO SE ENCONTRAR NA ESCRITA

O CAMINHO PARA DESPERTAR
A ESCRITA AFETUOSA EM VOCÊ

ILUSTRAÇÕES DE
TIAGO GOUVÊA

Rocco

Copyright © 2018 by Ana Holanda

Direitos desta edição reservados à
EDITORA ROCCO LTDA.
Rua Evaristo da Veiga, 65 – 11º andar
Passeio Corporate – Torre 1
20031-040 – Rio de Janeiro – RJ
Tel.: (21) 3525-2000 – Fax: (21) 3525-2001
rocco@rocco.com.br
www.rocco.com.br

Printed in Brazil/Impresso no Brasil

Coordenação editorial
BRUNO FIUZA

CIP-Brasil. Catalogação na publicação.
Sindicato Nacional dos Editores de Livros, RJ.

H669c	Holanda, Ana
	Como se encontrar na escrita: o caminho para despertar a escrita afetuosa em você / Ana Holanda; ilustração Tiago Gouvêa. – 1ª ed. – Rio de Janeiro: Rocco, 2022.
	ISBN 978-65-5532-232-3
	ISBN 978-85-68696-43-9 (e-book)
	1. Redação – Técnica. 2. Escrita – Manuais, guias, etc. I. Gouvêa, Tiago. II. Título.
22-76211	CDD-808.0469
	CDU-808.1

Gabriela Faray Ferreira Lopes – Bibliotecária – CRB-7/6643

O texto deste livro obedece às normas do
Acordo Ortográfico da Língua Portuguesa

Aos meus filhos, Clara e Lucas,
que me fizeram renascer dentro de mim.

Sumário

Prefácio, por Márcio Vassallo 9

Apresentação 13

1. Onde a escrita nasce 17
2. Como encontrar a sua voz... 29
3. Olhe ao redor.. 55
4. A força da história de cada um....................................... 77
5. A força da palavra.. 103
6. Para aproximar sempre.. 133
7. Autoavaliação 163
8. Para seguir em frente 179
9. Estamos juntos 197
10. Uma última palavra 215

Agradecimentos.. 221

PREFÁCIO

Por uma escrita mais afetuosa

Márcio Vassallo*

Nas oficinas de escrita que dou há vinte e cinco anos, por todas as regiões do Brasil, é comum me perguntarem o que, para mim, é escrever. E cada vez que me perguntam isso tenho uma resposta diferente. Bem, se me perguntassem hoje, diria que escrever é a consequência do que me afeta. Mas não me afeto para escrever, nem escrevo para me afetar. Não agendo afetos com o mero intuito de criar um texto, nem escrevo uma história só para exercitar a minha sensibilidade. Um afeto com intenção é pálido, sem viço, sem sal, e uma escrita limitada a um fim não tem cara, voz, saliva, cheiro. De fato, preciso me afetar com tudo à minha volta, não para escrever, mas sim porque o afeto é uma urgência essencial de todos os dias. Falta de afeto faz mal para a minha pele.

Então, aviso aos leitores: este novo livro da Ana Holanda é um hidratante de gente. Numa época tão cheia de pessoas embrutecidas e ressecadas por dentro, em que tantos olham mais para telas de telefone do que para os outros e para si mesmos, *Como se encontrar na escrita* nos amacia, nos tira da mesmice, nos convida a ver a beleza, o assombro e a poesia que estão ao nosso redor, no dia a dia, e em geral não reparamos mais por falta de tempo. Como se precisássemos de tempo para existir. Como se todos os relógios do mundo fossem responsáveis por nossa incapacidade de nos afetar com o que há de mais intenso na vida e de nos expressarmos por meio da palavra escrita.

Uma das jornalistas mais expressivas, brilhantes e bem relacionadas com as palavras que conheço, Ana Holanda costuma dizer que a escrita é como mergulhar em uma piscina. "Tem gente que chega na beirada e põe o dedinho do pé só para checar a temperatura da água e acaba, de fato, não entrando. Fica no máximo na superfície, em cima de uma boia ou sentado próximo à água. Tem aqueles que pulam, do jeito que for, independentemente se a água está pouco ou muito gelada. E tem outros que vão até o trampolim e pulam, sem medo, de peito aberto (...). Quando leio um texto, sou capaz de perceber quem ficou sentado na cadeira, na beira da piscina, olhando aquilo com desdém, e quem realmente subiu até o trampolim mais alto e saltou", escreve a autora.

Inspirado nos cursos de incentivo ao trampolim que a Ana tem dado para cada vez mais pessoas no país inteiro, *Como se encontrar na escrita* não é nem de longe um daqueles manuais de técnicas bocejantes para escritores apressados, nem uma coletânea de fórmulas para autores que querem publicar mais do que escrever, ou uma receita de bolo que promete seduzir muitos leitores. (Aliás, para quem procura por um livro de receitas sugiro que leia o *Minha mãe fazia*, outra deliciosa obra da Ana, com crônicas de abrir o apetite por comidas, afetos, histórias, sentimentos e memórias irresistíveis.) *Como se encontrar na escrita* nos abre o apetite para olharmos e experimentarmos o que há de mais extraordinário, autêntico e humano em tudo o que é aparentemente banal, ordinário, sem importância. O livro da Ana é um abridor de acolhimentos, um convite à inteireza, um tirador de anestesia para quem deseja ver, sentir, viver e escrever com entrega, originalidade, abertura, disponibilidade, amor por janelas sem telas, sem grades, sem nada que nos obstrua o olho nem nos roube horizontes.

Em seu livro com vista para a delicadeza, Ana diz que existe um lugar dentro de cada um onde a escrita nasce; lembra que a gente se encontra e se reconhece pela palavra, e indaga: "De que adianta escrever para o outro sem se revelar, sem se descobrir?"

Penso agora numa frase do Mario Quintana publicada no seu livro *Porta giratória*: "Não é o leitor que descobre o poeta, mas o poeta que descobre o leitor e o revela a si mesmo." É o que faz a Ana, que revela pessoas a elas mesmas. Não para que impressionem os outros, ou necessariamente se tornem escritoras de ofício, mas para que se encontrem de verdade no que escrevem, despidas do medo de se expor, da crítica alheia, do olho no olho com a própria alma.

---

* MÁRCIO VASSALLO é jornalista, escritor e consultor literário carioca, com mais de 30 anos de estrada. Isso é o que dizem dele por aí. Na realidade, Vassallo é graduado em olho de matuto e formado em métodos científicos do reparo, com especialização em fissura por palavras, mestrado em estética do ordinário, doutorado em serventia da fantasia e pós em falta de pressa.

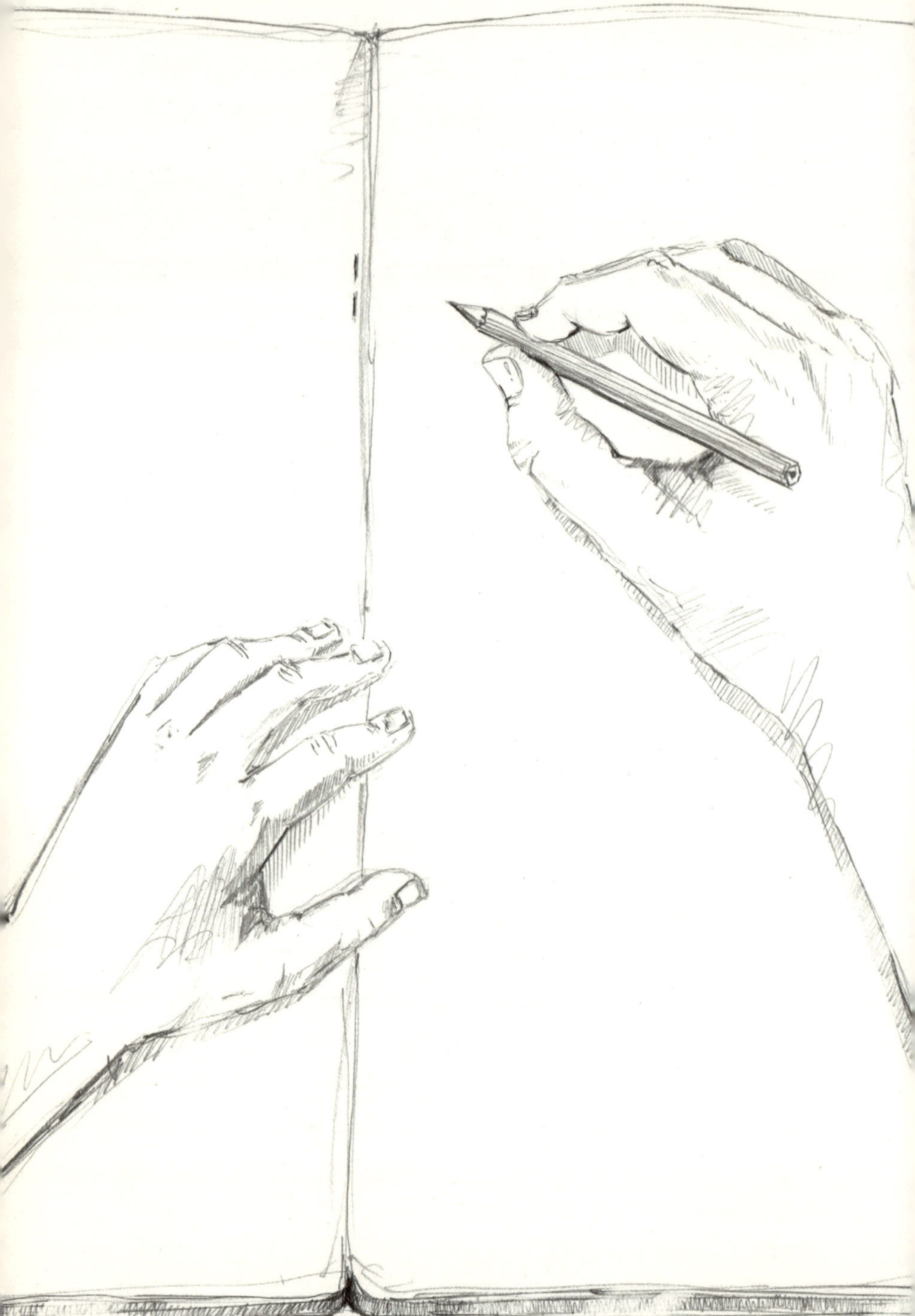

Apresentação

Na escola, sempre me esforcei para que ninguém percebesse que eu não era brilhante – esse era um dos meus segredos. Eu precisava estudar muito para conseguir boas notas. Ao contrário das minhas colegas, o aprendizado não entrava fácil na minha cabeça. Meu outro segredo era que eu tinha um mundo dentro de mim que era só meu. Pensava demais, sentia demais, percebia demais. Quieta, eu observava. Eu me encantava com as flores, com os cheiros, as vozes. Lembro que adorava acompanhar meu pai nas consultas a domicílio. Ele, um cardiologista que gostava de gente, sabia ouvir, se preocupava com o outro e acompanhava a pessoa onde quer que ela estivesse – no hospital, em casa, num asilo. Aos sábados, ele sempre ia a uma casa ou outra, e quase sempre de gente muito velhinha. Alguns moravam em casas enormes. Outros, em apartamentos pequenos, escuros e úmidos. Em geral eram lugares tristes, com gente que se despedia da vida com melancolia e aridez. Meu pai representava um sopro de vida, um resto de amor, carinho, atenção. Eu entrava, me fazia esquecer e me distraía com as coisas: armários repletos de bibelôs, livros, porta-retratos, carpetes escuros, paredes com vestígios de mofo, cheiro de naftalina. Me encantava a percepção de que o lugar onde moramos nada mais é do que um reflexo da gente mesmo, nossos acúmulos reais e imaginários. Eu olhava para tudo aquilo, e uma narrativa brotava na minha cabeça. Nascia e morria em meus pensamentos silenciosos. Eu não imaginava que meu jeito de perceber o mundo e as coisas poderia servir para alguma coisa ou para alguém.

Crescida, não me interessei pela medicina. Eu queria mesmo era contar histórias. Então fui fazer jornalismo. E encontrei uma faculdade tão triste quanto a casa dos pacientes do meu pai. Me formei em 1995, passei por várias redações, até que um dia cheguei à revista *Vida Simples*. Isso foi por volta de 2011. E a revista me permitiu ser quem eu sempre fui: uma contadora de histórias. Havia uma quebra de padrão na publicação. O autor podia ser protagonista do texto, se mostrar, se expor. *Vida Simples* foi um presente, um aprendizado, uma experiência inesquecível.

Enquanto escrevo, estou como editora-chefe da revista. Mas a mídia impressa caminha de maneira tão tortuosa, em terreno escuro, que eu não sei, realmente, se ainda estarei neste mesmo lugar quando colocar o ponto final na última linha deste livro. E isso, de verdade, não importa. O que *Vida Simples* me permitiu foi dar espaço à minha voz – e sua essência sempre seguirá comigo, onde quer que eu esteja. O dia a dia na redação, à frente de uma revista tão inspiradora – e inovadora –, me fez repensar o texto, questionar as regras, a escrita. Foi nessa época que a escrita afetuosa tomou forma. A publicação tinha uma legião de fãs, gente que colecionava o título, que seguia comprando revista em tempos de informação digital. Gente que amava cada reportagem, que encontrava nos textos uma conversa consigo mesmo. Foi quando percebi que a chave para os problemas do jornalismo ou da produção de informação não estavam, necessariamente, na plataforma (digital, impressa, visual), mas na conversa com o outro – uma escrita mais próxima permanece na memória por mais tempo.

A escrita afetuosa deixou de morar apenas em mim para existir no mundo em 2015, quando fui convidada para participar de um festival de ideias em São Paulo, o Path. O tema da palestra? Livre. Eu poderia falar sobre o que quisesse. E isso é altamente libertador e apavorante, ao mesmo tempo. Decidi falar sobre algo que me habitava e que batizei de "escrita afetuosa". Minha palestra estava marcada para logo depois do almoço. Pensei: "Ninguém vai aparecer, né?" Pedi para o Mauricio, meu marido, ir. Assim, eu não falaria para as paredes. Cabiam umas 35 pessoas na sala. Quinze minutos depois de a minha fala começar, havia tanta gente sentada nas cadeiras e no chão, em pé, e apoiada na parede que a divisória da sala ameaçou cair. Mauricio passou parte da palestra segurando (literalmente) as paredes. Ao terminar, eu estava paralisada pela tensão de falar para tantas pessoas, de me mostrar, de expor minhas ideias. Mauricio comentou comigo: "Você viu os olhos das pessoas? Eles brilhavam enquanto você falava." Foi aí que percebi que muito do que eu guardava dentro de mim fazia sentido para os outros, também.

Três anos depois, em agosto de 2017, falei no TEDx São Paulo. Dessa vez não foi para cinquenta pessoas numa salinha com divisórias, mas para um público de quase dez mil, no Allianz Park, na capital paulista. Meu marido estava lá – e não precisou segurar as paredes. Meus filhos Clara e Lucas também, e minha enteada, a Maria. Foi uma das experiências mais incríveis que tive. Quando terminei de falar em singelos 9 minutos – a que você pode assistir no canal do TEDx São Paulo no YouTube, *Como a escrita afetuosa pode transformar a sua vida* –, as pessoas, muitas com os olhinhos cheios de lágrimas, me aplaudiram de pé. É, a escrita afetuosa fazia sentido. Muito sentido.

Mas, antes que você comece a folhear esse livro, preciso dizer que a escrita afetuosa não tem nada a ver com cartas de amor, e sim com o amor que existe dentro de cada palavra. Esse conceito se espalhou e vem ganhando o mundo nos últimos anos. Desde a minha primeira palestra, em 2015, tenho levado este olhar para mais e mais pessoas, por meio de cursos, workshops e oficinas. Neste período, muita gente me escreveu para dizer o quanto sua vida foi impactada pela minha aula, transformada, completamente mudada. E isso me emociona e me faz lembrar daquela menina que eu fui. Hoje, eu diria para ela ser simplesmente ela mesma. As mentes brilhantes podem até oferecer soluções para um mundo tão bagunçado como o nosso. Mas é preciso algo mais: é necessário buscar um saber que nasce num lugar que não é a sala de aula, não é nos livros, nem nos títulos que a gente acumula com um orgulho volátil. O saber mais lindo é o da vida, da sua presença no mundo, da sua intensidade em tudo isso. E, principalmente, na crença de que aquilo que nasce no coração tem um valor enorme.

Escrever, para mim, se transformou numa experiência amorosa, humana em sua essência. Hoje eu não posso mudar políticas, mas posso transformar a vida das pessoas pelas palavras. Quando isso acontece, a mudança acontece também. E o mundo precisa mais disso. Que a gente siga se encontrando e se reconhecendo na palavra, nestas páginas, neste livro, pela vida afora.

1. ONDE A ESCRITA NASCE

É preciso se apoderar da palavra e entender que uma boa escrita está relacionada com a maneira como se olha para a vida.

Existem boas histórias para serem contadas em todos os lugares. Elas podem brotar dos encontros mais simples e despretensiosos. Tudo depende do olhar.

Eu sempre imaginei que a escrita nascesse de algum lugar mágico. Talvez uma fonte da sabedoria, à qual poucos tinham acesso. Lembro que, quando era criança, eu olhava para a estante da casa dos meus pais e ficava fascinada com os livros de capa dura. Era comum naquele tempo (décadas de 1970 e 1980) as pessoas colecionarem livros lindamente encadernados, cujas capas traziam o título em letras douradas, e expor tudo isso na estante da sala. Mas em geral ninguém os lia. Era só para decorar mesmo. E eu não entendia por quê. Esse lugar tão especial fazia com que eu tivesse medo de pegá-los, de tocá-los. Não me sentia autorizada. Na minha casa da infância havia coleções extensas de nomes como Jorge Amado, José de Alencar, Machado de Assis, entre outros. Um dia, subi numa cadeira, estiquei meu braço e alcancei um dos livros, acomodado em uma prateleira alta: *Olhai os lírios do campo*, de Erico Verissimo. De tanto tempo guardado, o título estava meio apagado. Agarrei como quem pega um tesouro e comecei a ler, depois da autorização dos meus pais – aqueles eram livros especiais, afinal. Eu devia ter uns 11 anos. Li e fiquei encantada. Não especificamente com o enredo, mas com o mundo que nasce quando se folheiam as páginas. Lindo de se perceber, de se viver. Sim, porque naquele dia eu descobri que a gente vive um livro e que as palavras carregam vida. E, desde então, eu passei a amar as palavras, evitando

Era uma vez

desperdiçá-las. Mais do que isso, percebi que tudo que a gente guarda na prateleira, na gaveta – sejam sonhos, ideias, textos, projetos – só serve para juntar pó. Entendi, a partir dali, que o texto é sempre uma conversa. E que para conversar é preciso presença: de quem fala e de quem escuta. E é deste ponto que partimos.

Você está conversando?

Não lembro o nome dela, mas da frase que me disse ao final de oito horas seguidas de curso: "Adorei tudo o que você disse. É muito inspirador, só que não serve para mim. Eu quero escrever um livro. E acho que o que você ensinou não serve para um livro."

Fiquei martelando essa frase na cabeça por dias. Até que entendi que, para algumas pessoas, escrita é técnica, e só. A questão é que, para mim, existe um lugar dentro de cada um onde a escrita nasce. Os cursos, diversos deles, ensinam técnica, modos de produzir textos, mas não nos conduzem aos caminhos que as palavras percorrem dentro de nós antes de ganhar mundo. Ok, técnica a gente aprende. E, se você dominá-la, vai conseguir escrever um belo texto, produzir um livro interessante. Só que o risco de esse material ser "só mais um" é enorme. Então, algo essencial a ser dito já nas primeiras páginas deste livro é que ele não é técnico, não é um manual repleto de regras de como fazer isso ou aquilo. Ele é sobre onde a escrita começa a ser germinada e os caminhos que ela percorre até sair de você e encontrar o outro. Estranho falar assim, não é? Mas é isso mesmo que acontece. A escrita, seja de que natureza for, nasce primeiro dentro da gente, percorre nossas caixas internas, nossos medos, desejos, anseios, e depois é que ganha mundo – vou falar mais um pouquinho sobre isso adiante. E como essa escrita está carregada de alma, vai longe, encontra o outro, entra dentro das caixinhas que também estão fechadas dentro dele e o toca, marca, afeta. É por isso que chamei essa maneira de escrever de Escrita Afetuosa, aquela que marca, toca, afeta conversa verdadeiramente com o outro. Para mim, essa é basicamente a diferença entre você produzir um texto, um conteúdo, e ele ser lembrado por um, dois, cinco, dez anos depois de escrito, e outro que é descartado, esquecido minutos depois.

Minha experiência mais profunda em relação a isso começou em 2011, quando assumi a coordenação da revista *Vida Simples*, que naquela época era feita dentro da editora Abril. Eu nunca havia trabalhado em uma publicação em que as pessoas mencionassem tanto a frase "Parece que você está conversando comigo". *Vida Simples* era tratada como "a melhor amiga", e os textos eram quase oráculos para alguns. Lembro a mensagem que recebi de um rapaz que estava vivendo um processo forte de depressão e de ausência de sentido na vida, e que encontrou na revista um caminho ou um motivo para seguir em frente com mais equilíbrio. Ou da mulher que me escreveu para contar o quanto a revista a ajudou a lidar com a morte da filha. Depois de anos trabalhando com texto e edição (me formei em jornalismo em 1995), era a primeira vez que recebia mensagens de pessoas tão apaixonadas por uma publicação, que falavam em transformação de vida. A revista, percebi, era uma voz. Os textos, um amigo. E comecei a questionar qual seria a diferença entre o texto que marca e aquele que é descartado. Quanto mais mergulhei nos processos, percebi que isso tinha relação com o envolvimento de quem escrevia – e que essa relação entre autor e texto acontecia de muitas maneiras. Envolvimento não quer dizer textos escritos em primeira pessoa apenas. Aliás, adoro textos em que o autor sabe se colocar na medida, nem de mais nem de menos. Envolvimento quer dizer que o texto está carregado da alma de quem escreve. Alma. Mais: quanto mais alma existe em um texto, mais ele encontra o outro. E, claro, não estamos acostumados com isso. Sempre achamos que devemos manter uma postura segura de distanciamento, mas a ausência de envolvimento é sempre perceptível no texto, seja ele de que natureza for.

Na maior parte do tempo não nos damos conta, mas existe um pouco de nós em tudo que escrevemos: naquele e-mail para o chefe, na mensagem enviada para o amigo, no trabalho da faculdade, no artigo do mestrado, no texto repleto de poesia. Em cada um deles, você está presente ou, pelo menos, deveria estar. Ele é parte de você, da sua energia, do seu tempo. E se isso não acontece é um tremendo desperdício – de tempo, de energia, de vida. Como não percebemos essa relação, escrevemos de maneira automática. E, dessa forma, a escrita vai se tornando distante, fria, cheia de clichês. O encontro com o outro não ocorre. Mas como colocar alma na escrita? Essa é uma das partes mais complicadas, mas também uma das mais essenciais. A alma, a presença do autor, só aflora quando primeiro se dá um mergulho para dentro, quando se aprende a olhar para si mesmo, para depois perceber o mundo e enxergar verdadeiramente as pessoas ao redor. Escrever não é mágico. É algo que a gente constrói, dia a dia.

Ela, a vida

Quando você acorda de manhã cedo e desliga o despertador, dezenas de histórias acabaram de acontecer. Os objetos que existem na sua mesa de cabeceira, os livros, os retratos ou a ausência deles, tudo ali conta algo sobre você e sobre suas escolhas. Ao levantar e ir comprar o pão, do caminho de casa até a padaria, mais algumas dezenas de histórias pulam na nossa frente. Mas, presos no nosso automatismo do cotidiano, não percebemos isso. Colocamos alma nos textos quando estamos atentos, com intensidade, à vida que corre ao redor. A vida nos dá subsídios o tempo todo. Não há por que inventar – está tudo ali. E isso, pode acreditar, vale para ficção, não ficção, romances, textos técnicos, escritos poéticos, reportagens. É impossível encontrar o outro pela escrita quando não estamos sensíveis para o que acontece no nosso entorno.

Tive um aluno que me mostrou um texto lindo que contava sobre um par de chinelos esquecido embaixo da mesa. Naquela mesma posição, todos os dias, aquilo o irritava demais. A mãe os deixava no mesmo lugar de sempre, apesar de ele pedir que ela os guardasse. "Por que não colocá-los no quarto, afinal?", era o que ele sempre se questionava. Mas o que acontece quando, a partir de um determinado dia, aquele par de chinelos não está mais ali? Nunca mais? A mãe morreu e ele falava dessa dor a partir de algo tão simples e corriqueiro. Lindo, intenso, profundo, e poderia ser a minha ou a sua história. É neste ponto que o encontro se dá e a escrita toca, afeta, conversa.

Gosto muito de contar sobre o dia a dia dos meus filhos. Tenho um casal de gêmeos, Lucas e Clara, que estão com 9 anos. Um dos momentos mais gostosos do meu cotidiano é buscá-los na escola. Faço isso a pé, porque moramos a quatro quadras de distância – e isso direcionou muito a escolha de onde eles iriam estudar. Na volta para casa, às vezes conversamos, às vezes nos calamos. Tem dias em que o Lucas está irritado com o excesso de lição de casa. Em outros, Clara está desanimada porque a semana de provas está próxima. Em alguns momentos damos risadas ou falamos tolices. Mas, em geral, é neste período, tão curto, que conversas profundas acontecem. Outro dia, Clara me perguntou se eu já havia percebido que, a cada dia, o Sol estava em uma posição diferente do céu. "Tem dias em que ele está bem na nossa frente, em outros, está atrás de um prédio", comentou. Concordei com ela e me dei conta de que eu nem lembrava que o Sol ainda existia e que ele nascia e se punha, dia após dia, independentemente das minhas vontades, desejos, alegrias ou tristezas. Há instantes em que o Lucas me faz perguntas inquietantes: "Mãe, para onde vai o vento?"; "Por que as árvores ficam cheias de flores em alguns meses do ano?"; "Você vai ficar velhinha?"; "Por que tem gente que mora na rua?" Assim, desse jeito, sem sinalizar, ele me afoga. Eu tento responder cada uma das perguntas, mas, às vezes, ele joga outra questão: "Por que existem perguntas que você enrola e não me responde?" Essa, eu costumo ter a resposta: "Não estou encontrando as palavras certas, Lucas." Em cada uma dessas questões, há um caminho para temas profundos. Posso falar sobre finitude, sentido da vida, envelhecimento, diferenças, a partir de conversas cotidianas, singelas, delicadas. Mas – eu e você – só seremos capazes de fazer isso se estivermos sensíveis para isso.

Conheci, em 2017, um projeto muito bacana chamado Cruzando Histórias (cruzandohistorias.com.br). O objetivo é mostrar o desemprego por um novo olhar, mais acolhedor. E isso acontece por meio de relatos de quem está desempregado. Neles, as pessoas contam suas trajetórias, falam de si, da família, do cotidiano, quem são, de onde vieram. Só que os relatos são leves, sem carregar nos dramas pessoais. Você descobre que o casal, em que ambos estão desempregados, se conheceu há mais de dez anos, que namoraram, casaram, tiveram filhos. Que, na vida deles, há dias bons e outros ruins, dias cheios de esperança e outros completamente nebulosos. É gostoso de ler e, aos poucos, você se enxerga um pouco na vida tão rotineira daquelas pessoas. Elas vão deixando de ser números, taxas e saem do rótulo de desempregados para passarem a ser pessoas como eu e você. E isso muda tudo. Altera a maneira como percebemos os gráficos cheios de números sobre o desemprego, que, para o leitor comum, de fato, não significam nada. E pessoas não são números. São homens e mulheres, com histórias, gostos, desejos, amores. É essa aproximação que o texto, escrito com alma, é capaz de fazer. A ideia, aliás, surgiu depois que as amigas Bia Marques Diniz e Juliana Marques assistiram a uma reportagem de televisão sobre o desemprego. Ao final da matéria, Bia se sentiu incomodada. Estavam falando de vidas, mas com uma frieza atroz. Apresentado daquela maneira, o conteúdo não tocava ninguém. Apenas passava. É assim, dessa forma, que também seguimos pela vida sem perceber o outro, sem entender, sem nos sensibilizar não apenas com o drama de alguém que está sem emprego, mas com tudo o que acontece a nossa volta.

Um texto escrito de maneira visceral é capaz, sim, de transformar, mudar, aproximar, afetar. Na verdade, é o que para mim faz mais sentido. Caso contrário, vamos seguir escrevendo os mesmos textos de sempre, a partir do olhar e do ponto de vista de sempre. Vamos seguir fingindo que estamos conversando com o outro por meio das palavras quando, na verdade, não estamos interagindo com ninguém a não ser com a gente mesmo. É uma conversa solitária e que fala muito sobre nosso momento atual, sobre a maneira como estamos no mundo. Mas dá para mudar isso. Para fechar essa nossa primeira conversa, selecionei um texto do editorial que escrevi para a edição de dezembro de 2017 de *Vida Simples*, cujo tema era "Encontre a sua Paz".

Ele fala sobre os mergulhos que precisamos fazer, necessariamente e sempre, dentro de nós mesmos. É essencial para a escrita e para a vida.

O ano era 2003. Eu estava saindo de um relacionamento no qual tinha apostado todas as fichas. Para superar aquele momento fui fazer retiro de silêncio, de ioga... mas não conseguia sair do maremoto interno que me afogava. Decidi, então, caminhar. E segui para a Chapada Diamantina, na Bahia. Andei muito, ganhei bolhas nos pés, dores no corpo. E, em uma dessas caminhadas, ao chegar a um ponto alto me deparei com uma vista linda, ampla, cheia de vales e platôs. Naquele instante eu percebi que o maremoto que havia dentro de mim estava sendo causado apenas por... mim. Era preciso abrir a minha janela, parar de olhar apenas pelas frestas e perceber que o horizonte era amplo, sempre. Essa visão me acompanha desde então e, de vez em quando, ela volta a me assustar pela imensidão que traz, e daí eu, de novo, volto a fechar um pouco a minha janela. A escolha entre mergulhar na nossa profundidade ou ficar só na superfície é diária. A questão é que na maior parte das vezes optamos pelo que nos é mais confortável. E, às vezes, o que nos é mais confortável é sofrer pelos problemas de sempre. Mais do que a busca pelo silêncio, pela calmaria, mergulhar no tema da paz me mostrou que ela não é a pomba branca, mas o voo em si; não é a calmaria de um mar sem ondas, mas o mergulho que fazemos para ultrapassá-la. Enfim, percebi que não é a ausência de movimento que nos aquieta. Mas a nossa presença nas escolhas de todos os dias, na ação entre abrir a janela só um pouquinho ou escancará-la para perceber a vista (ou a vida) em toda sua plenitude. Que a gente siga se encontrando neste mar de possibilidades.

["O oceano e a vida", Ana Holanda,
Vida Simples, dezembro de 2017]

Exercício sugerido

Leia um livro infantil. Vale qualquer um. Se você não tem filhos, peça emprestado para um amigo. Esse tipo de leitura é ótimo para a gente se lembrar de como se faz uma construção narrativa linear: com começo, meio e fim. Esse pode ser o ponto de partida para o seu próprio texto.

2. COMO ENCONTRAR A SUA VOZ

São os mergulhos (ou textos) mais profundos que mais encontram o outro. A escrita pressupõe intensidade, como a vida.

Desde que comecei meus cursos sobre Escrita Afetuosa, algo que sempre me emocionou foram os depoimentos iniciais de cada um dos alunos. A maior parte está ali para fazer as pazes com seu texto, para reencontrá-lo, retomar a paixão antiga pelas palavras que se perderam no tempo, ou, algumas vezes, para conseguir finalmente colocar suas ideias no papel. Me recordo de uma aluna, jornalista, que se apresentou dizendo que escrevia textos sobre saúde, mas que detestava o tema. Ela me contou que achava tudo muito técnico e aborrecido. Ao longo das horas que passamos juntas, ela entendeu que está tudo na vida. E que para tornar um texto interessante para ela mesma e para o outro é preciso reconhecê-lo como parte integrante do cotidiano. Ao final – e para minha surpresa –, o texto dela de conclusão do curso foi sobre Alzheimer. Mas em nenhum momento ela falava sobre a doença em si. Ela contava a história da avó, que, obviamente, tinha o problema. Foi o caminho que ela escolheu que fez a diferença entre o texto ser entediante ou delicioso, sensível, cheio de delicadezas. Me emocionei com as palavras. No entanto, mais do que isso, fiquei comovida pela entrega e pela percepção de que ela, finalmente, conseguiu entender o quanto a escrita demanda presença de quem narra, independentemente do tema.

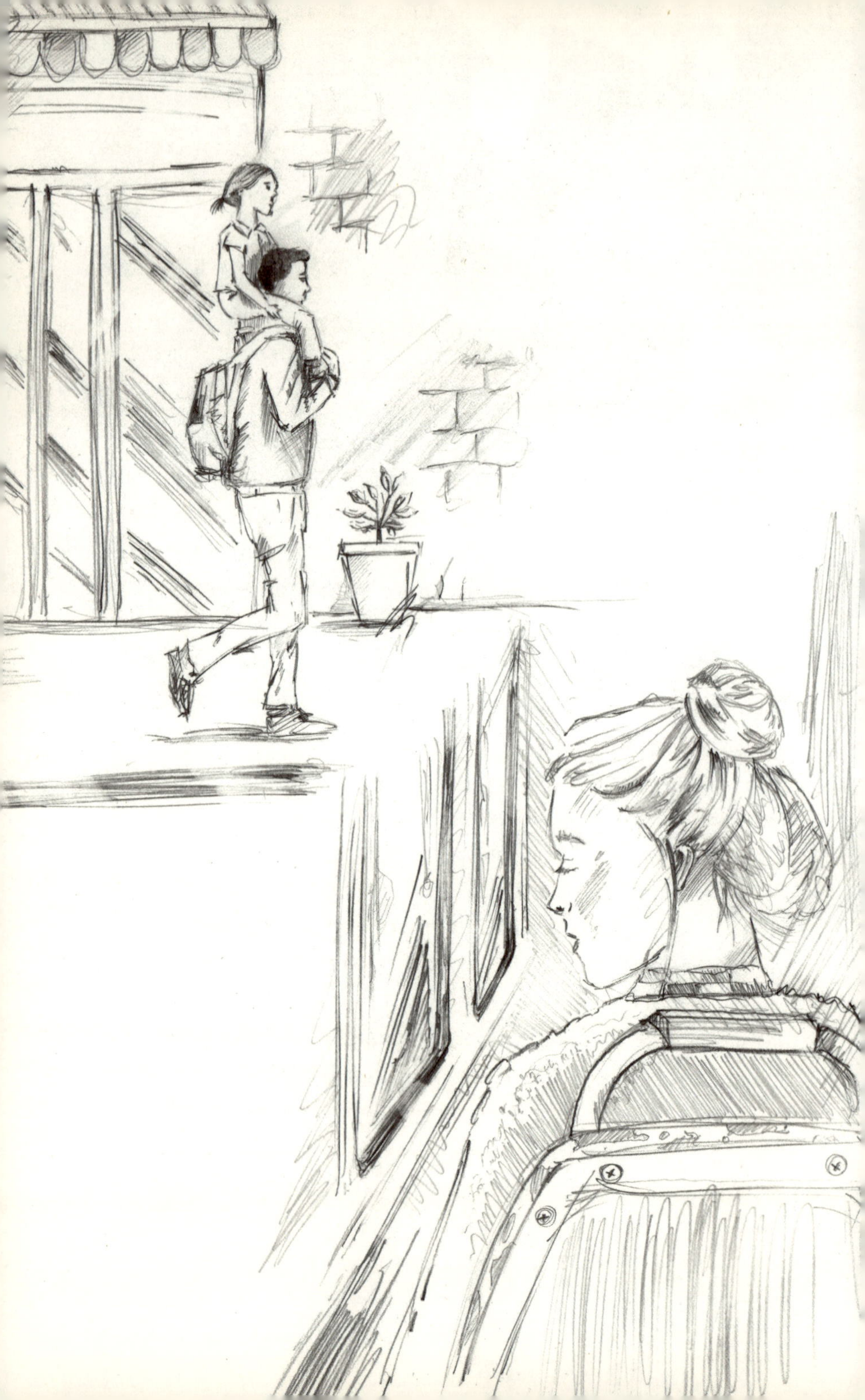

Tem gente que chega em sala de aula com uma escrita dura, distante. E quer torná-la mais fluida, gostosa. E tem aqueles que não têm qualquer tipo de intimidade com as palavras. Para todos, eu sempre digo, existe solução. Todo mundo é capaz de escrever um texto que afete o outro. Já tive alunos de 14 a 80 anos. E todos encontraram seu caminho pelas palavras. Perceberam que não é apenas técnica, dom ou talento nato. É a maneira como nos relacionamos com nós mesmos e com o mundo, com o olhar para dentro e para fora. Isso não significa que apenas quem está vivenciando o Alzheimer na família conseguirá escrever algo visceral sobre isso. E quando digo que algo é visceral, significa que é profundo, que veio de dentro, algo que nem sempre é fácil de olhar, bonito ou agradável, mas que é essencialmente você e por isso contém sua essência e sua verdade. Mas, para contar essa história da maneira como ela pede para ser contada, com menos termos técnicos e mais vida, é preciso uma escuta atenta e uma boa dose de empatia para enxergar verdadeiramente o outro. É trazer as palavras para a vida de todo dia, porque é aí que todos se encontram: quem lê e quem escreve. Eu vou além: o mais lindo dessa história é que as pessoas passam a se reconhecer, não necessariamente pelo tema (Alzheimer, dores crônicas, vitiligo etc.), mas pelo que está por trás disso: acolhimento, aceitação, compaixão. Você pode, por exemplo, escrever sobre o fato de ser alta demais, excessivamente magra, ter cabelos cacheados, pode falar da cor da sua pele, e eu posso não me enquadrar em nenhuma dessas questões. Mas, mesmo assim, eu vou seguir me reconhecendo neste texto, na sua dificuldade por sempre ter se sentido fora de um padrão estabelecido. Eu vou me encontrar nas minhas dores, dificuldades ou superação. É o texto deixando de existir em você para morar em mim, me encontrando, me acolhendo, conversando e compartilhando.

Lembro muito a jornalista que fui, no começo da carreira, no final da década de 1990. Eu tinha acabado de sair da faculdade, com uma pequena parcela da minha paixão por escrever enterrada – infelizmente, a maior parte das graduações faz isso. A gente começa a acreditar que nunca vai ser um Gay Talese, jornalista norte-americano que escreveu para publicações renomadas como o jornal *The New York Times* e a revista *Esquire*, e que assinou perfis de gente bacana, como o do cantor Frank Sinatra – sem sequer ter entrevistado o cantor. Durante meses, o jornalista conversou com gente que convivia com Sinatra, e foi pela observação, pelo olhar e pela escuta apurada que conseguiu reconstruir a história e a personalidade dele. Para isso, descrevia longamente as cenas. Foi, de certa forma, uma quebra no jornalismo duro e tradicional. E uma porta se abriu para o chamado jornalismo literário. Mas, na escola de jornalismo, volto a dizer, existe muito espaço para técnica e pouco para a sensibilidade, para a percepção, para os cheiros das histórias. Saí da faculdade como muita gente sai, sabendo que um bom texto deve responder a três perguntas essenciais: quem, como e por quê. Ninguém nos fala para olhar nem para nós mesmos, nem para o outro.

Nos meus primeiros anos como repórter, eu escrevia com bastante regularidade reportagens de comportamento para a revista *Marie Claire*. Eram depoimentos longos, de histórias variadas, desde casamentos longevos – e por que eles perduravam – até sobre mulheres que foram mães na adolescência. Essas matérias me ensinaram mais do que os anos que passei na faculdade. Porque, para conseguir uma boa história, era preciso saber ouvir, entender, olhar sem julgamentos. Com o tempo, fui percebendo que as conversas olho no olho eram mais profundas do que as feitas pelo telefone. Comecei a entender que gestos, olhares e pausas me contavam muito. Mais do que isso, muitas vezes eram esses sinais que me apontavam para onde eu deveria caminhar para entender e recontar aquela história. Mas, claro, muitas vezes eu ficava preocupada demais em descrever apenas o enredo em si, construir uma linha temporal das coisas, como uma arqueóloga da informação. Até que uma das tantas editoras pelas quais passei na revista me disse algo inquietante: "Você é muito boa para contar histórias, mas esquece de falar sobre algo essencial, sobre o que as pessoas sentem." *Sim*. Eu não acreditava que aquilo realmente fosse digno de uma reportagem séria. Eu devia me ater aos fatos, certo? *Não*. E essa pode ser uma discussão tremendamente profunda sobre emoção e razão, e sobre quanto somos treinados para acreditar que precisamos ser pouco emocionais e mais racionais – nas nossas decisões e também nos nossos textos. Foi quando comecei a perceber que, para entender a dor, os conflitos, as alegrias, a saudade, o amor profundo do outro, eu precisava me abrir para enxergar as pessoas em sua totalidade. Na maior parte das vezes, não fazemos isso. Quando escrevemos um texto, sem nos darmos conta, nos colocamos num lugar distante daquele com quem estamos conversando. Eu olho para o outro como um indivíduo que usa crack, um consumidor que reclama pelos seus direitos, um usuário do transporte público, um paciente a espera de um leito, uma mulher que sofreu abuso. Então, paro de olhar para as pessoas como pessoas, alguém como eu e você. E aí, pronto: seu texto ficou distante.

Quem é você?

Pode parecer até bobo, mas uma das razões pelas quais nos colocamos a quilômetros de distância do outro é porque, muitas vezes, confundimos "quem somos" com "quem estamos". Tente se fazer essa pergunta agora: *Quem é você?* Posso afirmar com bastante certeza que a reposta será aquilo que você faz, o cargo que ocupa neste momento, a empresa para a qual trabalha, o seu status social etc. A primeira vez que me fiz essa pergunta, eu mesma respondi: "Sou jornalista, editora de revista." E então me dei conta de que eu não *sou*, eu apenas *estou* isso.

Acreditamos tão fortemente nisso que, numa reunião social, quando nos perguntam "O que você faz?", imediatamente respondemos nossa profissão ou aquilo com que trabalhamos. São nossas credenciais para o mundo. Então um dia surge uma baita crise econômica, você é demitido, e deixa de ser aquilo em que acreditava tanto. Isso pode acontecer na vida de qualquer um a partir da perda de um emprego, do fim de um relacionamento, da morte de alguém querido, uma guerra, um tsunami, uma enchente. É incrível: em um espaço tão curto de tempo, tudo o que a gente acreditava ser vai embora.

Gosto muito da médica geriatra Ana Claudia Quintana Arantes (que, inclusive, escreveu o texto da orelha deste livro). Eu a conheci na The School of Life de São Paulo, um espaço para cursos sobre questões ligadas à vida e que tem entre seus fundadores o filósofo Alain de Botton. Ana ministra na escola uma aula linda demais, chamada *Como lidar com a morte*. Ela é especialista em cuidados paliativos e lida, todos os dias, com gente que está muito próxima da morte. Ela traz alívio para a dor física – e ouso dizer que emocional também – de quem está vivenciando seus últimos dias por aqui. Ela tem, aliás, uma fala potente no TEDx FMUSP e que vale muito a pena dar uma espiada ("A morte é um dia que vale a pena viver", disponível no YouTube). No final de 2016 ela lançou um livro de mesmo nome, no qual demonstra, no texto de abertura, a maneira como costuma se apresentar às pessoas – e o incômodo que isso causa. Ao ser perguntada, em um evento social, o que fazia, ela decidiu responder a verdade: cuidava de pessoas que morrem. Isso foi seguido por um silêncio profundo. "Falar de morte em festa é algo impensável. O clima fica tenso, e mesmo a distância percebo olhares e pensamentos. Posso escutar a respiração das pessoas que me cercam. Algumas desviam o olhar para o chão, buscando o buraco onde gostariam de se esconder. Outras continuam me olhando com aquela expressão 'Oi?', esperando que eu rapidamente possa consertar a frase e explicar que não me expressei bem. Já fazia algum tempo que eu tinha vontade de fazer isso, mas me faltava coragem para enfrentar o abominável silêncio que, eu já imaginava, precederia qualquer comentário. Ainda assim, não me arrependi. Internamente, eu me consolava e perguntava: 'Algum dia as pessoas escolherão falar da vida por esse caminho. Será que vai ser hoje?'"

Ana Claudia Quintana Arantes é uma das médicas mais humanas e sensíveis que conheço. Ela se aproxima, toca, olha nos olhos, conversa, se interessa pelo outro, se emociona sem medo de deixar as lágrimas escorrerem, e isso faz uma grande diferença na vida de muita gente. Ela afeta as pessoas porque percebe o humano que existe em cada um. Se reconhece e se entrega. E o texto não é muito diferente disso. Quando nos reconhecemos nas palavras que colocamos no papel, o outro também se reconhece. Mas este precisa ser um processo com menos máscaras. Daí a necessidade de você se perguntar: quem é você?

Mergulho profundo

Costumo dizer que a escrita é como mergulhar em uma piscina. Tem gente que chega na beirada, põe o dedinho do pé só para checar a temperatura da água, e acaba, de fato, não entrando.

Fica no máximo na superfície, em cima de uma boia, ou sentado próximo a água. Tem aqueles que pulam do jeito que for, não se importando se a água está pouco ou muito gelada. E tem outros que vão até o trampolim e pulam, sem medo, de peito aberto. Do trampolim mais próximo da água até o mais distante. Ele testa, mergulha, entra, sai. Sem receio da altura e do mergulho em si. Quando leio um texto, sou capaz de perceber quem ficou sentado na cadeira, na beira da piscina, olhando aquilo com desdém, e quem realmente subiu até o trampolim mais alto e saltou. Cada vez mais, tenho muita certeza de que as pessoas não se dão conta do quanto elas se revelam quando escrevem, se permitem ou não a proximidade, se são do tipo que se envolve ou ficam apenas como espectadoras dos acontecimentos. A questão é que são os mergulhos (ou textos) mais profundos que mais encontram o outro. A escrita pressupõe intensidade, como a vida. Nossa dificuldade em escrever com visceralidade, olhando profunda e verdadeiramente para dentro de nós, está exatamente aí. Quem, hoje em dia, quer se mostrar tanto? Quer tirar suas armaduras, suas máscaras? Fazer isso dói. Sim, pode doer muito. É sair para a rua, olhar as pessoas, ver, ser visto, sentir o vento, a chuva, o sol ardido, os cheiros. Escrever passa por todas essas etapas.

A norte-americana Brené Brown, pesquisadora e professora do departamento de serviço social da Universidade de Houston, passou mais de uma década desenvolvendo um estudo sobre vulnerabilidade, amor-próprio, vergonha e coragem. Ela tem alguns livros publicados sobre a questão da perfeição, da imperfeição e da vulnerabilidade. Ela explica, por meio de seus estudos, por que temos essa necessidade de nos sentir perfeitos e, principalmente, de não nos mostrar sem máscaras, frágeis, pessoas que erram, sentem, se emocionam. Quando encontro algum aluno com muito medo de mostrar seus textos para o outro, sempre indico que leia Brené Brown ou que, ao menos, assista a sua fala do TED – "O poder da vulnerabilidade", uma das mais visualizadas até hoje no mundo e disponível no YouTube. Um texto, afinal, está vinculado à pessoa que você é (e, sinto muito, mas vou repetir isso muitas vezes mais até que você realmente entenda). Há um trecho, em especial, do livro *A coragem de ser imperfeito* (Sextante), de que gosto demais e sempre leio em sala de aula – e para mim mesma: "Exibir nossa arte, nossos textos, nossas fotos, nossas ideias ao mundo, sem garantia de aceitação ou apreciação, também significa nos colocar numa posição vulnerável. Quando nos entregamos aos momentos felizes de nossa vida, mesmo sabendo que eles são passageiros e que o mundo nos diz para não sermos felizes demais para não atrairmos desgraça – essa é uma forma intensa de vulnerabilidade. O grande perigo é que começamos a enxergar os sentimentos como fraqueza. Com exceção da raiva (uma emoção secundária, que serve apenas como uma máscara socialmente aceitável para muitas emoções bem mais difíceis que experimentamos), estamos perdendo a tolerância em relação aos sentimentos e, em consequência, em relação à vulnerabilidade. Se quisermos recuperar a parte essencialmente emocional de nossa vida, reacender a paixão e retomar nossos objetivos, precisamos aprender a assumir nossa vulnerabilidade e acolher as emoções que resultam disso."

Então, por favor, coloque-se na beira da piscina e pule de cabeça ou suba no trampolim e salte, sem medo. Aquele texto que você está com muito receio de publicar (no Facebook, no Instagram, no seu blog ou seja lá onde for) é, certamente, algo em que você está se mostrando sem máscaras, frágil. Dá um baita medo, eu sei. Passei por isso incontáveis vezes. Mas, acredite, esses textos tão cheios de você são os que mais marcam, afetam o outro. Sempre. E essa conversa que estabelecemos por meio da palavra escrita faz diferença na sua vida e na do outro. Dá sentido para aquilo que se produz, para a energia colocada ali, para o seu tempo. Faça valer a pena.

A psicanalista gaúcha Diana Corso, colunista de *Vida Simples*, é dessas pessoas que sabem perceber a vida pelas linhas finas. Tem um trecho de uma coluna escrita por ela para a revista de que gosto demais, e que traduz muito bem o que acabamos de conversar:

Só a escuta atenta descobrirá o calibre do que nos abala. Vínculos capazes dessa delicadeza são raros e preciosos. Só podem ser oferecidos por aqueles que não têm medo do contágio, pois é preciso baixar as defesas para oferecer uma verdadeira empatia. Dar entrada à dor do outro provavelmente despertará nossas próprias fragilidades e desesperanças. Acolher nosso desamparo é coisa para poucos em nossa vida: os que estiverem dispostos a lidar com o próprio.

["Joelho ralado",
Vida Simples, agosto de 2016]

Mas por que temos tanta dificuldade?

A resposta para essa pergunta é até simples. Porque não fomos educados (ou a maior parte de nós não foi) a perceber e sentir o mundo dessa maneira. Vamos encaixotando a vida. Lembro até hoje da tremenda dificuldade que meus filhos estavam tendo na escola para decorar, nas aulas de geografia, algo corriqueiro: o que são ruas, avenidas, pontos de referência. Olhei para eles e os lembrei aquilo que eles fazem todos os dias quando vão de casa para a escola. O lugar por onde eles andam são as ruas. A farmácia, o mercado, a lojinha por onde passam são os pontos de referência. De repente ouvi um sonoro "Ahhhhh". Parece simplista usar este exemplo, mas é exatamente o que acontece com a nossa escrita: tem que pôr na vida.

Para mim, o tempo passado na escola se divide entre antes e depois do dia do brinquedo. Muitos colégios na educação infantil e nos primeiros anos do fundamental permitem que a criança leve um brinquedo na sexta-feira. Até que, um dia, tudo fica "sério". Acabou. Fim. Então aprendemos uma infinidade de matérias, que são nossas primeiras caixas. Ok, existem modelos educacionais em que as coisas podem não ser tão compartimentadas assim, mas vamos pensar na educação de maneira geral. A vida passa a girar em torno do vestibular, do que você vai ser quando crescer. Às vezes, chego a brincar dizendo que as crianças não vão para a escola, mas para o mercado de trabalho. A escrita fica cada vez mais técnica, focada na redação do vestibular, na palavra certa, no conteúdo certo. É preciso seguir regras, e elas não passam por você, pelo seu sentir, pelo seu olhar, sua percepção. Você tenta acertar, tirar a melhor nota possível seguindo conteúdos prontos. E faz isso direitinho (ok, nem sempre). Termina a escola, faz uma faculdade, estágio, programa de *trainee*. Parece tudo bem. Receita pronta para o sucesso. Mas, muitas vezes, não está tudo bem. Não está. Você está infeliz com seu trabalho, com suas escolhas – e isso independe de salário, de status. Tem a ver com a voz da alma, quando conseguimos afinar nossa escuta e ouvi-la, claro. E isso, acredite, também está relacionado com a escrita. Como se envolver, colocar alma nas palavras, se a sua vida também está repleta de receitas prontas?

É por meio das palavras que perpetuamos as histórias, que contamos e recontamos. É uma das primeiras coisas que aprendemos, entre andar, comer, falar, escrever. Juntamos as letras e descobrimos as palavras. E um novo mundo se abre em nossa frente. Essa é uma experiência possível para todos: escrever. É fácil, simples. Você não precisa de um curso de pós-graduação para isso. Aprende na primeira infância. E ela vai permeando a vida. Dando contornos para as suas experiências, interpretando a sua rotina. O perfume da dama-da-noite vira texto, assim como a florada das laranjeiras, ou o cheiro de chuva, de mar, de grama recém-cortada. A palavra interpreta de maneira delicada a nossa vida. Então, por que a colocamos – ela e o texto – neste lugar desconhecido, de dificuldade, de impermeabilidade? A escrita lhe pertence porque ela nunca deixou de lhe habitar. Às vezes, só a colocamos numa prateleira alta demais, numa caixa guardada no fundo do armário. Por isso, ela é um reencontro, com você mesmo, com a vida.

Converse, caminhe, observe

Mas como praticar essa escrita mais solta, mais visceral? Como reduzir o enorme distanciamento que criamos para acessá-la? A solução é mais simples do que a gente imagina. Conversar, olho no olho, é um exercício ótimo. Se for com um desconhecido, melhor. Incentivo meus alunos a conversarem entre si e buscarem, dessa maneira, o extraordinário que existe no outro. Todas as pessoas têm boas histórias para contar. Mas a gente cisma em acreditar que o incrível está sempre em algo inatingível. E daí você segue achando que vai conseguir um baita texto apenas quando conseguir conversar com uma celebridade, um grande escritor, pesquisador, filósofo, historiador. Sim, ter um tempo com alguém assim pode ser realmente muito bacana e render uma ótima conversa. Mas existe uma beleza tão singela no ordinário, no cotidiano, em qualquer pessoa com que você cruze. Se dê essa chance. Converse com o dono da banca da esquina, o porteiro, o vendedor ambulante, o feirante... Uma troca sincera, real. Nada de comentar sobre o tempo ou sobre as últimas notícias da política ou da economia. Se interesse pelo outro: quem é, de onde vem, por que resolveu trabalhar com isso ou aquilo. Você vai ver que uma pergunta puxa a outra e, invariavelmente, ao final, a sensação é "Uau, que história interessante essa pessoa tem". Todos temos uma. Todos.

O historiador australiano Roman Krznaric já foi apontado pelo jornal britânico *The Observer* como um dos mais importantes pensadores do Reino Unido dedicados ao estudo dos estilos de vida. Entre os vários livros que já publicou está *O poder da empatia* (Zahar). Na obra, Krznaric mostra como a empatia, ou a arte de se colocar no lugar do outro, é capaz de transformar o mundo. Quanto a teoria dele, tenho certeza de que o mesmo vale para a escrita. No livro, ele escreve que "[...] a empatia está no âmago da própria narração da história. Seja através de literatura intelectualizada ou ficção popular, um excelente romancista é um mago empático que pode nos permitir, ainda que apenas temporariamente, sair de nossa própria pele e entrar numa outra maneira de ver o mundo". A empatia é algo que pode nos abrir para perceber o incrível que existe no outro. E perceber que existem boas histórias para serem contadas em todos os lugares.

No final de 2017, o Brasil recebeu o Museu da Empatia, que tem como um de seus idealizadores o próprio Krznaric e a artista britânica Clare Patey. Durante algumas semanas, o museu, uma instalação montada em um pequeno espaço dentro do Parque do Ibirapuera, em São Paulo, trouxe essa experiência do olhar delicado para o outro, das histórias que cada um carrega dentro de si e do quanto isso nos aproxima. O Museu da Empatia é um projeto internacional feito a partir de experiências sensoriais. Ao entrar na instalação há vários calçados, e o visitante é convidado a colocar um deles. Quando faz isso, ele pode caminhar com eles e ouvir também a história do dono daquele sapato, tênis, bota, chinelo ou sapatilha. A edição brasileira teve 25 depoimentos de pessoas daqui. Os relatos eram sempre muito pessoais, e falavam sobre luto, amor, preconceito, superação. Histórias de vida, enfim, como as representadas pelos trechos abaixo:

"A dor da minha mãe não é a mesma dor que a minha, como irmã. Minha mãe até o dia de hoje está sentada no sofá esperando o meu irmão entrar porta adentro. O desaparecimento para mim é uma morte sem fim. É uma tortura que não passa nunca mais."

"A família se coloca numa posição de preocupação com o sofrimento. Se você emagrece é a primeira coisa que falam: 'Nossa, como você emagreceu, está bonita, emagreceu!' Me incomoda de ser pauta, entendeu? Por que você não me pergunta se eu estou bem, o que eu tenho feito, e não me elogia porque eu emagreci? Ser magra não é elogio."

"Um dia nasceram três passarinhos aqui na minha casa. E os pais deles abandonaram o ninho. Eu tive que cuidar deles. Aquilo mostrou que eu era alguém: um serzinho acreditava em mim, precisava de mim vinte e quatro horas por dia! Ali *eu percebi que eu não era uma pessoa tão inútil assim, que eu tinha uma qualidade de poder cuidar dos outros."*

Outro exercício que recomendo é caminhar. Caminhar? Sim, caminhar, andar, sair por aí. Mas é preciso fazer isso sem fones de ouvido, sem ficar conferindo as mensagens do celular a cada minuto. É estar inteiro ao fazer aquilo que se propôs. É andar e sentir o cheiro de peixe podre porque, naquele dia, aconteceu uma feira livre na rua; o aroma de feijão ou carne sendo preparado em alguma cozinha; o perfume de uma flor. É saber que pode chover, ventar, esfriar, e perceber cada uma dessas mudanças. Caminho todos os dias. E, para mim, esse é um ótimo exercício para apurar o olhar, aguçar a criatividade e nos deixar mais sensíveis para o que acontece ao redor, ao outro e para nós mesmos.

O francês Frédéric Gros, especialista em psiquiatria e filosofia penal, escreveu um tratado sobre o caminhar e sobre como esse exercício tão simples pode ser profundo. Segundo ele, quando caminhamos sozinhos estamos acompanhados apenas de nós mesmos, por isso podemos dar atenção às nossas memórias e, assim, ter novas ideias. Ah, isso vale para pequenas caminhadas ou mesmo para aquelas mais longas. Mas não necessariamente para as extenuantes de cinco, seis horas, quando o único objetivo se torna chegar a algum lugar para poder, finalmente, descansar. Para Gros, caminhamos para nos reinventar, para nos dar outras identidades e possibilidades. Isso porque, na vida cotidiana, tudo está associado à função: uma profissão, um discurso, uma postura. E andar a pé é se livrar de tudo isso. Caminhe, então, simplesmente.

Para finalizar este capítulo, divido com vocês um texto que demandou muita visceralidade e que tinha relação com um momento que eu mesma estava vivendo. Além disso, ele fala sobre a paz. Baita termo amplo. Como transformar isso em algo que não seja enfadonho? Precisei mergulhar em mim, observar a vida e seguir os caminhos para onde as histórias estavam me levando. E o resultado está aí.

O mar sempre me assustou. A imensidão, a profundidade. Lembro quando era criança e, ao enfrentar as ondas, eu pedia que meu pai ou minha mãe não soltassem a minha mão. Talvez por isso eu tenha me encantado tanto com o olhar do carioca Henrique Pistilli. Para ele, o oceano sempre foi território de sabedoria, de conhecimento e de experimentação. Henrique é conhecido como Homem Peixe, nome também da série que protagoniza no canal da TV a cabo Off, na qual ele fala da sua relação com o oceano, construída através de uma modalidade de mergulho chamada surf de peito – nela, você desliza na onda sem o uso de qualquer tipo de acessório. Foi numa tarde, assistindo ao programa, que ouvi de Pistilli uma frase que me incomodou: "A gente tem medo de estar no vazio, no silêncio, mas é desse lugar que realmente conseguimos escutar a sabedoria da vida." Ele dizia isso olhando para um horizonte onde só existia mar e mais mar. A riqueza está naquilo que nos dá medo. Será? Movida por isso, decidi conversar com Pistilli sobre algo que me habitava havia algum tempo e que queria trazer para as páginas de *Vida Simples*: como encontrar a nossa paz? A minha, a sua, não necessariamente a paz mundial, mas aquela que lhe pertence, seu cantinho de silêncio, de encontro, de calmaria. Há alguns anos, conversei longamente com Henrique exatamente para as páginas desta revista. Reencontrá-lo foi um presente. Pistilli continua sendo mar. Ele vive entre o Havaí, o Rio de Janeiro e Fernando de Noronha, onde mora oficialmente. Mas ele é maior do que as convenções sociais propõem. E acaba navegando por onde quer e para onde seu coração lhe manda. E isso é lindo. A primeira lição que aprendi com Henrique é que a paz, aquele momento que tanto almejamos, de calmaria, aconchego, mora dentro da gente. Para encontrá-la é preciso, antes, se encontrar, aceitar, acolher tudo o que vier, de bom e de ruim. "O que a gente vê fora é o que temos dentro. Posso olhar para um furacão e ver beleza nele. Para muita gente, uma onda gigante é assustadora. Eu vejo inspiração", diz. Henrique me conta que o mais apavorante quando mergulhamos dentro da gente é sempre o medo do que vamos encontrar (e temos um baita medo disso). Mas nesse momento devemos separar o que é real do que é fantasia, do que não faz sentido. Na maior parte das vezes, explica ele, temos medos irreais. O medo apareceu? Sinta, perceba, acolha. E, a partir daí, tome a decisão, mais centrado, sem se deixar levar apenas pela emoção. Ele faz, então, um paralelo com uma onda gigante: diante dela, você pode optar por surfá-la ou esperar pela próxima. Mas essa decisão precisa ser consciente, mesmo que exista um pouco de medo. O que não pode é que apenas esse sentimento defina sua escolha. A partir disso, você simplesmente não se acovarda, mas está presente. Na dúvida, recomenda ele, respire profundamente. Porque, entre uma expiração e uma inspiração, o corpo acalma e essa sensação de tranquilidade vai para a mente. "O medo pode até permanecer lá, mas ele não o assusta mais. Passa apenas a ser uma presença vazia. É contemplação", termina Henrique, o homem que, definitivamente, sabe conversar com o mar e, segundo me confessou, é ali, na imensidão, que se sente mais seguro. Fico pensando na conversa com Henrique. Estranho dizer que, ao mergulhar dentro da gente, nos deparamos com algo desconhecido... Mas é isso o que acontece. As primeiras experiências de meditar podem ser assim, angustiantes. Isso porque, quando você silencia e se propõe a se observar de dentro para fora, muitos incômodos começam a surgir: as costas doem, as pernas formigam, a orelha coça, a mente não cessa um minuto sequer. Nada parece colaborar e você se questiona onde está a paz interna, a calmaria? Pistilli, o peixe, havia me deixado uma pista: a resposta para essa questão estaria no vazio que nos habita.

O VAZIO

É estranho falar que a paz pode estar no vazio, porque, para a maior parte de nós, ele é falta. Decido, então, entrar. Nesse caminho, descubro uma expressão, de origem oriental, *Ma*, que significa, literalmente, vazio. Encontro referências disso nas animações do diretor japonês Hayao Miyazaki. Foi ele quem criou o incrível *A viagem de Chihiro*, a saga de uma garotinha japonesa que vê seus pais transformados em porcos após comerem guloseimas em uma vila fantasma. Para voltarem à forma humana, Chihiro precisa cumprir uma jornada e enfrentar um mundo cheio de fantasmas e seres desconhecidos para ela. O filme é tocante, delicioso de ver, mas, ao mesmo tempo, inquietante em algumas partes. Há momentos em que a garotinha faz... nada. Em um dos trechos, ela está sentada no vagão de um trem. E, por alguns minutos, permanece sentada e é só isso. Não há ação, ninguém expressa uma única palavra. Isso é *Ma*, um vazio ou pausa. O conceito de *Ma*, descubro, é representado na cultura japonesa pela união de dois símbolos: a porta e o sol. Dessa maneira, *Ma* não é um vazio qualquer, mas com propósito. Isso porque uma porta aberta é essencialmente um espaço vazio, um vão de onde conseguimos enxergar a luz que passa (pela porta). Assim, *Ma* é uma ausência que permite que algo se manifeste através dela. Ou seja, é no nosso vazio que também surge a nossa luz, a sabedoria que nasce com a gente, mas que fica acomodada em algum cantinho escuro. *Ma*, sigo descobrindo, é a pausa entre as notas musicais. É o branco. É a pausa nas conversas. É o silêncio. É o tempo que estamos insistentemente atropelando para ocupar com algo que não seja a gente mesmo e que, assim, não permite uma escuta mais verdadeira e profunda – de dentro para fora. Decido olhar para o meu silêncio. Começo a meditar. Vale saber que não sou meditadora frequente. Nunca me senti à vontade nesse lugar. Insisto. E acontece o mais perturbador: meus pensamentos não cessam e eu não sinto nenhuma onda de calmaria. Até que, dias depois de me propor a meditar todos os dias, entendo: essa sou eu. Há que olhar, acolher para o que eu mesma estou tentando me dizer. Sigo para minha próxima conversa. Dessa vez com a psicóloga Karen Vogel, autora da obra *Quando aprendi a me amar* (Conscientia Editora), e que organiza retiros de autocompaixão. De cara, Karen já me adianta: "Quando a gente busca a paz, isso tira a paz." Fez um baita sentido, principalmente porque foi o sentimento que tive durante as meditações. Isso acontece porque, quando nos calamos, como para meditar, por exemplo, aquilo que somos vem à tona. E, junto com amor, gratidão, felicidade, vem também raiva, tristeza, frustração. "Brigamos o tempo todo com a gente mesmo porque 'não quero sentir essa tristeza', porque acreditamos que isso é ruim. Daí usamos as estratégias do não sentir e comemos demais, falamos sem parar, compramos algo de que não temos necessidade", diz. "Acolher é dizer para si mesmo que você vai pensar naquilo e estar aberto para sentir o que vier junto com isso." E essa é a parte mais difícil. E ela é difícil porque, conforme me explica a instrutora de *mindfulness* Solange Viana, vem junto com uma autorresponsabilidade grande. "Em geral, as pessoas atribuem a sua instabilidade emocional à economia, ao chefe, ao trabalho, ao vizinho. Ao que vem de fora, enfim. E buscam a paz como se ela fosse uma pílula mágica, um lugar a alcançar em outro espaço que não em você", diz. Simone é coordenadora nacional da campanha Escolha a Calma, uma iniciativa da Brahma Kumaris na América Latina, um movimento espiritual mundial que tem como proposta promover o desenvolvimento pessoal, a paz e a não violência. Segundo ela, a prática da meditação todos os dias, mesmo que por alguns minutos, ajuda muito nessa busca. Ao sentar, parar, respirar você mergulha no seu universo interno, consegue observar seus pensamentos e se perceber – se possível sem tantos julgamentos. Essa consciência é que vai ajudá-lo a encontrar o seu espaço de calmaria, de pausa, independentemente de onde estiver ou do que acontece ao redor, das tristezas, das dificuldades e das frustrações. Por mais que pareça clichê e repetitivo, Solange me diz uma frase que ouvi diversas vezes – e de pessoas variadas – ao longo dos encontros que tive para compor esta reportagem: "A paz começa dentro da gente. Não preciso ir para um templo budista, para a igreja, para o alto de uma montanha. O cenário realmente não importa, porque a paz estará dentro de você sempre", afirma. A especialista em desenvolvimento humano Lisiane Szeckir concorda. Ela criou um método chamado Revolução Amorosa, um programa de dois dias no qual ela dá algumas pistas de como podemos fazer esse cultivo, independentemente do cenário. Segundo ela, as pessoas buscam uma situação ideal para, então, se sentirem em paz consigo mesmas. "Isso não vai acontecer quando você tiver alguns quilos a menos, encontrar o emprego ideal ou o companheiro ou companheira dos sonhos. É preciso entender que a própria medida é o grande caminho e ser, assim, mais generoso consigo mesmo e com seu tempo", diz. Generosidade e acolhimento são, assim, componentes importantes.

O ENCONTRO

As palavras de Solange e de Lisiane reverberam dentro de mim e encontro respaldo também nas ideias do professor americano Alan Wallace: "Nada do que acontece fora pode realmente fazê-lo feliz. A sensação de paz, serenidade, felicidade, de florescer não vem do que o mundo tem para lhe oferecer. Mas do que você está trazendo para o mundo", afirma. Wallace é um grande conhecedor do budismo. A pedido do próprio Dalai-Lama, ele promove retiros sobre bem-estar emocional e consciência, seguindo os preceitos dessa doutrina. O mais bacana do olhar de Wallace é que ele mostra que o encontro com a própria paz não se limita apenas a nós mesmos. E é nesse momento que a sua paz pode, sim, transformar não apenas você, mas o seu entorno. "Quando prestamos atenção ao que acontece dentro de nós, passamos também a olhar mais verdadeiramente para o outro. Essa é a base da bondade amorosa, da compaixão. O seu bem-estar passa a estar associado ao daqueles que estão ao seu redor." A força da fala de Wallace é enorme porque me faz perceber que a minha paz reverbera em outras pessoas. E, assim, como um efeito dominó, é possível realmente espalhar paz por aí. O caminho percorrido por Nathália Roberto foi esse. Há pouco mais de quatro anos, ela trabalhava com moda. Tinha uma equipe para coordenar, uma carreira, viajava para diferentes partes do mundo e dividia o mesmo teto com o namorado. Parecia tudo bem, mas não estava realmente tudo bem. As coisas passaram a não fazer sentido, um incômodo enorme começou a se instalar. Caos interno. Ausência de paz. Foi quando ela fez um curso de empreendedorismo e percebeu que queria seguir para outra direção. Foi assim que nasceu, em 2014, a Kind, uma iniciativa que ajuda, por meio de cursos e encontros, outras mulheres a percorrer seus caminhos com mais independência e a colocar em prática antigos projetos: empreender e se conhecer um pouco mais. Nessa mesma época, ela conheceu também o budismo e as ideias de Alan Wallace, com quem já fez dois retiros. Foi com Wallace que ela entendeu que a paz talvez não seja algo que a gente encontre, mas que precise ser cultivado. "É um trabalho que não tem fim", ela diz. Isso porque precisamos nos olhar todos os dias, nunca haverá um pronto, um ideal. É o que é. Dia após dias. Não existe um momento extraordinário, de iluminação. A paz está na percepção de que existe beleza na gente e tristeza também – e tudo bem, faz parte de quem somos. E há alegria, gratidão nas miudezas, no vento que bate, na chuva que cai, no café recém-coado. A paz habita tudo. Então, ela nunca se esvai. Ela existe agora. "O Alan Wallace sempre costuma dizer que mais importante do que o tempo que você passa meditando é o que você faz nas horas que lhe restam. Cultivar a paz tem a ver com a forma como você está vivendo no mundo", resume. Concordo. Aliás, esse é um ponto essencial do livro *Silêncio: o poder da quietude num mundo barulhento* (Harper Collins), de Thich Nhat Hanh, uma ótima leitura para quem está em busca dessa escuta que vem de dentro. Thich Nhat Hanh é um monge budista vietnamita e, nessa obra, fala sobre as dificuldades e acertos para silenciar. Segundo ele, todos nós precisamos cultivar nossa dimensão espiritual se quisermos ser livres, leves e verdadeiramente à vontade. Para isso, o caminho é praticar, porque somente dessa maneira vamos restaurar esse tipo de espaço dentro de nós mesmos – e assim, de quebra, ajudar quem está ao nosso redor. Como fazer isso? Segundo Thich Nhat Hanh, é necessário um pouco de disciplina: reservar um tempo, todos os dias, para ficar atento à respiração, aos passos, para trazer a mente de volta ao corpo. Essa é uma maneira de cada um ouvir com compaixão a criança que carregamos dentro de nós – criança que, aliás, está clamando para ser ouvida. Depois disso, também seremos capazes de ouvir os demais.

DE VOLTA PARA CASA

Neste ponto, releio uma frase sobre a busca da quietude escrita pelo lama brasileiro Padma Samten, que por três anos foi colunista de *Vida Simples*: "A nossa mente já tem esse espaço interno." Ou seja, esse sentimento ou estado de paz sempre existiu dentro de cada um. Como disse Nathália, não é um encontro, é um cultivo. O que fazemos é voltar para casa. Ser, de novo, a gente mesmo. Nos perdemos e nos reencontramos. A paz é a gente, na nossa infinidade interna, no vazio que nos habita, na imensidão que somos. Volto novamente para a menina que fui. Agradeço aos meus pais por me conduzirem até o fundo do mar para que eu me sentisse mais segura, mas sei que, agora, posso seguir sozinha. Não tenho mais medo desse oceano, dessa sabedoria que existe em mim. Que eu consiga mergulhar profundamente, sempre. Essa é a verdadeira paz.

["Encontre sua paz", Ana Holanda, *Vida Simples*, dezembro de 2017]

Exercício sugerido

Tenha uma conversa verdadeira com algum desconhecido, ou com alguém que você encontra com regularidade, mas nunca parou para realmente trocar uma ideia. Pode ser o segurança da rua, o porteiro do prédio, o vendedor da loja, o garçom que o atendeu na hora do almoço, a pessoa que sentou ao seu lado no transporte público. Se quiser – e se sentir confortável com isso –, escreva depois sobre o que ouviu, construa o perfil dela a partir deste encontro.

3. OLHE AO REDOR

A escrita é uma experiência de amor,
de humanidade na sua essência. Eu estou vendo
você. Vamos conversar através do texto.

Enquanto escrevo este livro, estou com as crianças de férias em casa. Mas, nesta semana, ela está bem mais silenciosa. Meus filhos Clara e Lucas foram passar uma semana em um acampamento de férias, no interior de São Paulo. Nos dias que antecederam a partida, Clara estava animada e ansiosa, felicidade boa de quem espera algo diferente acontecer. Lucas estava mais amedrontado e relutante, receio de ficar dias demais longe da mãe. Meu menino é assim. Tem dificuldade em mudar o que já é certo. Não foi fácil incentivá-los a ir. Minha vontade era dizer: "Se estão inseguros com isso, então fiquem aqui, pertinho de mim." Mas a gente cria filho para voar sozinho, longe, firme, cheio de si e, de certa maneira, também de nós mesmos. Porque, mesmo quando eles vão, levam um pedacinho da gente junto, nos olhos, nas lembranças, no coração. Na hora de entrar no ônibus, Clara me abraçou e chorou. Minha pequena grande menina. Ela é sempre tão forte, tão decidida, mas ao mesmo tempo tão delicada, amorosa. Uma deliciosa mistura agridoce. Disse a ela que podia chorar, não tinha problema. Da mesma maneira que tudo bem sentir saudades. Logo, logo, a gente iria se reencontrar e ela traria, com certeza, um monte de histórias para contar. Os dois subiram no ônibus, viraram para trás, acenaram, me olharam com olhinhos pequenos e brilhantes. E foram. Foram viver. Não sei se a viagem será, de fato, extraordinária. Mas será

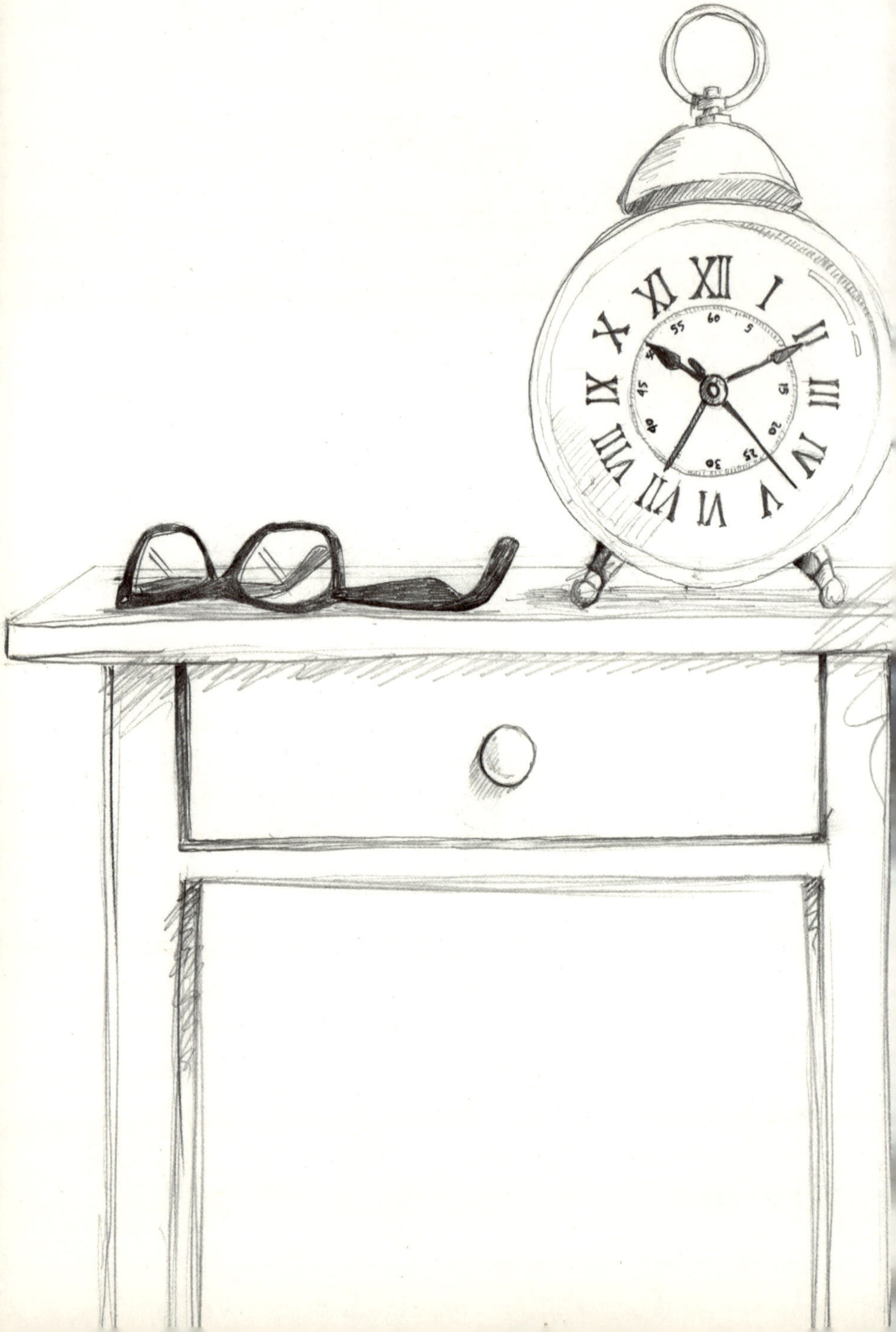

mais uma pecinha que fará parte da memória, das lembranças deles. Eu os vejo crescerem, seguirem seus próprios passos, suas escolhas, seus acertos, seus erros. Os dois, juntos ou separados, me ensinando, a cada dia, sobre ser mãe, sobre ser quem eu sou. Me ensinando sobre como viver e como não viver. Filhos causam isso na vida da gente, quando permitimos.

O começo deste capítulo resume bem o quanto as histórias acontecem a todo instante, e como até mesmo uma simples despedida dos filhos para o acampamento de férias se transforma em texto, em história cheia de profundidade. E eu poderia enumerar aqui mais uma dezena de exemplos de acontecimentos simples que permeiam minha vida e que me inspiram o tempo todo a escrever. Nesta mesma semana, enquanto Clara e Lucas estavam no acampamento, Maria, 12 anos, minha enteada, foi minha companhia. Enquanto eu me dedicava por cinco, seis horas a escrever essas páginas, ela também se dedicava a algo que lhe é muito querido: ler. Ela leu praticamente um livro por dia. Às vezes parava, me olhava e dizia: "Eu não quero mais ler este livro", com os olhos cheios de lágrimas. Bom, o casal adolescente do enredo tinha brigado por conta de uma intriga de pessoas próximas. Eu a aconselhei a seguir com a leitura porque, com certeza, a autora haveria de criar uma virada naquela confusão para que tudo terminasse bem. Ela seguiu meu conselho e terminou a leitura com um sorriso no rosto. Se o casal ficou junto no final? Claro! Mas foi durante esta pausa dramática da leitura que a convidei para ir tomar um café perto de casa. Descanso para mim e para ela. Caminhamos pelas ruas próximas, com nossos cachorros, Tapioca e Panqueca. Sentamos no jardim de um café. Ela pediu uma bebida doce e gelada e um pedaço de bolo chamado *red velvet*, que tem a massa vermelha e camadas de creme branco. Eu pedi uma água de coco e um pão de queijo.

É, não teve café. Mas teve conversa, silêncios, risadas e um novo projeto nosso: fazer um *red velvet* juntas. Vasculhamos receitas na internet e combinamos de preparar o bolo para comemorar o retorno dos irmãos. Maria provoca isso em mim: uma força de energia suave. Ela não é dada a solavancos, cargas pesadas. É um sopro de vida, que me anima, me entende e incentiva a seguir com leveza também. Sou muito grata por ela ter me recebido de maneira tão generosa em sua vida. Hoje, sei que existe um pouco dela em mim e um pouco de mim nela. Ela fala que sou a "boadrasta". E eu respondo que ela é minha filha do coração. Relações que tecemos no caminho e que valem cada instante. Não são como um salto de bungee-jump. São a caminhada por estradas estreitas. Não são a Maratona de Nova York, mas o passeio com os cachorros pela calçada de casa.

Eu, de novo, me perdi nas minhas histórias cotidianas, simples, mas tão profundas para falar de algo em que acredito muito. Os melhores enredos não estão no extraordinário. Sim, eles podem estar. Mas desperdiçamos tantas narrativas incríveis ao longo da nossa rotina... Tem gente que acredita que vai conseguir escrever o texto da vida, o livro incrível e arrebatador, ou criar o blog de sucesso, apenas quando tirar seu ano sabático, fizer o caminho de Santiago de Compostela, viajar pela Ásia. Eu insisto que as histórias estão "pulando" na nossa frente todos os dias, o tempo todo. Nós que não enxergamos, não percebemos ou não nos damos conta, distraídos pelas tarefas, pelos devaneios, problemas inventados ou reais. Dos menores aos maiores gestos, tudo nos conta algo. Mais do que isso, esses pequenos acontecimentos trazem junto dilemas e anseios de todos nós. Como falar sobre amor, estresse, ansiedade, envelhecimento, relacionamento a dois, maternidade? A maior parte das pessoas busca as respostas para isso nos livros, nos pensadores, nos especialistas e pesquisadores disso e daquilo. Mas esquecem que também são pais, mães, ficam ansiosos, estressados, sentem tristeza, saudade, têm medo da morte e do abandono. São pessoas, enfim. E, de novo, caímos naquele ciclo que já citei tantas vezes por aqui, do texto que se distancia, que impõe quilômetros entre quem escreve e quem lê. Um texto deveria ser sempre um encontro, em que você me vê e eu te vejo. E isso é profundo. Porque, através do meu texto, eu deixo de olhar de cima para baixo e passo a olhar nos olhos, na mesma altura que o outro. Para mim, a escrita é isso. Uma experiência de amor, de humanidade na sua essência. Eu estou te vendo. Vamos conversar.

O jornalista e escritor Márcio Vassallo tem escrita sensível. Ele é autor de uma série de livros infantis. Obras supostamente escritas para crianças, mas que, na verdade, conversam com todas as idades. Ele viaja pelo país dando oficinas de reparos poéticos. Uma beleza. O que seria isso? Perceber as delicadezas do cotidiano, o extraordinário dentro do ordinário, as tais histórias que estão pulando loucamente na nossa frente todos os dias para que a gente as enxergue. Por isso, para mim, Márcio é o Mestre dos Reparos. Eu aprendo com seus textos, sempre. Eu aprendo com nossas conversas, sempre. Ele faz com que eu me lembre de que para ser lido é preciso, antes, ver. Márcio vê encantamento em tudo: na lua de todo dia, no bilhete deixado em cima da mesa, na xícara de café, na placa de sinalização da rua. O trecho a seguir, de uma reportagem escrita por ele para a revista *Vida Simples*, é só um aperitivo do quanto deixamos de enxergar.

Há pouco tempo soube pelos jornais que apareceria uma Superlua, e que ela seria a maior de todas em 68 anos. Será mesmo? Não tenho medidor de Lua, mas a manchete de um portal dizia assim: "Quer registrar a Superlua de hoje no seu celular? Veja aqui dez dicas." Dez dicas para ver da mesma forma o que todo mundo acha que está vendo? Registrar a Lua no celular, em vez de olhar na cara dela? Que cansaço me deu pensar em *selfies* lunares... A Lua é super todos os dias, mesmo quando não usa capa nem ganha manchetes nos jornais. É só botar reparo nela. Porém, para isso precisamos reaprender a sentir sem pressa tudo o que está à nossa volta. E, apesar de todos os embrutecimentos que nos cercam, acho que passar o dia todo sem ver, sem escutar, sem provar, sem cheirar, sem tocar o mundo, e sem permitir que ele nos toque, nos afete, nos desarrume por dentro, é viver sem sentido nenhum.

["A serventia do encantamento no dia a dia", Márcio Vassallo, *Vida Simples*, julho de 2017]

O texto em camadas

Existem muitas pessoas com ideias sobre o que escrever, mas percebo que o maior tropeço é o caminho escolhido para trilhar e construir o texto. Você quer escrever sobre os refugiados? Me conte então como pretende construir essa narrativa. O tema é amplo demais. Você pode ir pelo caminho mais fácil e levantar os números de refugiados na Europa e no Brasil, talvez encontrar um refugiado que está por aqui, e também alguém que contratou uma pessoa nessa condição. É assim que a maioria escreve. A questão é que, ao fazer isso, você fica apenas na superfície. É neste lugar raso que a maioria de nós permanece. Não mergulha, não entra realmente nas histórias e, dessa maneira, o texto não vai tocar ninguém. Provavelmente será lido e esquecido, descartado, minutos depois. Entrar nas histórias, descobrir um caminho estreito por onde você possa seguir e que, a partir dali, você consiga se envolver com ele – e consequentemente seu leitor também –, é algo que chamo de *texto em camadas*.

Gosto de pensar que um tema é como uma folha em branco. Você pode olhar para a folha apenas como a figura plana que ela representa. Ou pode observar o que está embaixo, atrás, do lado, e descobrir que, na verdade, ela não é uma folha apenas, mas um livro inteiro, cheio de camadas, de lugares por onde trilhar. Todos os temas são assim, ricos de trilhas, percursos e caminhos. E cada pessoa pode contar a mesma história, partir do mesmo ponto, de um jeito diferente. O problema é que as pessoas ficam tão fixadas e presas em maneiras ou técnicas de contar, que apresentam sempre o mesmo resultado, cheio de obviedades – mesmo quando acham que estão sendo criativas. Eu leio esses textos, vejo essas reportagens (na televisão, na internet) e me pergunto: até quando vamos desperdiçar tempo de vida contando as mesmas histórias, da mesma maneira? Mas quando eu percebo que o escritor seguiu pelas trilhas estreitas, entrou nas camadas, sentiu, respirou aquela história, isso me emociona. E, em geral, recordo, semanas, meses, anos depois, de cada uma delas, porque elas passam a fazer parte de mim. Isso é escrita afetuosa.

Lembra da história dos refugiados? Em 2017, conheci o jornalista André Naddeo. Ele me foi apresentado por um ex-aluno, que, me conhecendo bem, sabia que eu iria adorar a maneira como o André conta suas histórias. E ele acertou. Naddeo foi para a Grécia depois de assistir a algumas reportagens na televisão sobre a multidão de refugiados que se aglomeravam em Pireus, um importante porto do país. Ao ver o que estava acontecendo – e todas as discussões em torno disso –, André sentiu que precisava estar ali. E foi. Passou alguns meses junto daquelas pessoas, como jornalista voluntário. Ele publicou tudo o que viu e viveu ali no jornal *Folha de S.Paulo* e também na revista *Vida Simples*. Encontrei André em uma de suas viagens de retorno ao Brasil. A maneira como ele conta é comovente. Ele enxergou aquelas pessoas, se interessou por elas, pelas suas histórias de vida. Conforme ele relatava seu envolvimento com tudo aquilo, a palavra *refugiado* passou até a soar estranho. Porque, ao usar o termo *refugiado*, ganha-se um rótulo. É como se elas deixassem de ser pessoas para ser algo que não tem nada a ver comigo ou com você. São pessoas, não é? Homens, mulheres, meninos, meninas. Gente com passado, presente e futuro. Eles sonham, têm medos, desejos, saudades. As crianças, em especial, nunca deixam de ser crianças. Naddeo me contou apenas que elas amadurecem mais rápido por conta de toda a dureza que lhes é apresentada. Com elas, o jornalista desenvolveu um projeto lindo demais, o Drawfugees (@drawfugees). São desenhos, feitos pelas meninas e meninos com que conviveu. Com papel e lápis de cor apenas, André as incentivava a registrar fatos especiais de suas vidas antes da guerra em seus países, conforme me relatou:

O objetivo era que elas não esquecessem quem eram, qual era a sua essência. Todos esses desenhos – e a imagem das crianças – estão disponíveis no perfil do Drawfugees no Instagram. Algumas crianças caprichavam nas cores. E desenhavam a família novamente completa e unida. Outros pintavam a bandeira de seu país, a casa para a qual não voltariam, o bolo do aniversário que não foi comemorado. No meu último dia em Pireus, imprimi as fotos de cada criança com seu desenho e dei de presente para cada uma. Foi meu jeito de mostrar que eu me importava com elas. E também minha maneira de registrar a infância, que toda aquela situação havia roubado de suas vidas.

Outro projeto que desenvolvi nesse tempo foi o I Am Immigrant (facebook.com/IAmImmigrantworld). Nele, eu não apenas registrava, por vídeo, as histórias de homens e mulheres de nacionalidades diversas, todos refugiados, como também os ensinava a fazer isso por conta própria: fotografar, filmar. Assim, depois da minha partida, eles poderiam seguir falando, registrando e colocando suas histórias no mundo. Nesses vídeos, a proposta era contar quem são eles, o que faziam antes de a guerra destruir suas casas, quais eram seus sonhos.

[trecho de "O que aprendi com os refugiados e os imigrantes", André Naddeo, *Vida Simples*, agosto de 2017]

A conversa que tive com André Naddeo e o depoimento que ele me deu, durante um café da manhã, em São Paulo, se transformaram em uma matéria para a revista *Vida Simples*. Eu entendi que, novamente, ele não estava falando apenas sobre aquelas pessoas lá no porto da Grécia, mas de todas as pessoas menos favorecidas da nossa sociedade. Isso vale para o morador de rua, que dorme embaixo de um viaduto; para a criança que pede esmola; para a família que perdeu a casa durante um incêndio na favela; mas vale também para aquela sua tia-avó, avô, pai ou mãe velhinhos, que ninguém na família sabe com quem vai ficar. Se papai ou vovó estão com demência, quem vai cuidar dele/dela? Quem? O assunto, dessa maneira viajou do porto de Pireus, na Grécia, para a sua cidade e, depois, veja só, para o sofá da sua sala. E isso aproxima, porque o leitor percebe que, de alguma maneira, estamos falando da mesma coisa: como lidamos com aqueles que estão precisando, em algum momento da vida, do nosso suporte, apoio, olhar, ajuda, compreensão. Na dúvida, sempre se pergunte: o assunto está sentado na sala de casa? Se sim, você chegou lá. Isso é dar para o texto um olhar mais amplo, maior do que apenas nossa realidade, nossos problemas, nosso umbigo. É a maneira com que nos relacionamos com o outro e com o mundo. E, o mais bacana disso tudo, é que eu não preciso gritar. A história, por si só, vai contando isso. Não preciso apontar o dedo, por meio de palavras, na cara do leitor. A mensagem vai sendo compreendida em tom brando, numa conversa, calma, sem alvoroço, sem carregar nos dramas, sem fazer do outro um personagem. Ele segue sendo uma pessoa, em um texto carregado de humanidade, que olha nos olhos, que conversa. E fala baixo. Para esta reportagem publicada a partir do depoimento do André, me emocionei todas as vezes que a li. A saber, foram muitas. Porque, durante o processo de construção de um texto, entre colocar as palavras no papel, editar, diagramar, revisar, eu chego a ler um texto sete, oito vezes. Em todas, me enxerguei naquelas pessoas, em sua dor, angústia, tristeza. Para mim, é este tipo de olhar, de texto, que pode transformar realmente as pessoas e o mundo. Ao final, André disse algo que me marcou e que tem muito a ver com aquilo que acredito e com a escrita afetuosa:

> *Toda essa experiência me ensinou a ver além da minha timeline no Facebook. Estamos vivendo numa sociedade em que a gente tem se fechado e só consome informação, notícia que está dentro dessa "bolha". Não se vai além. Você vê a foto ou lê a notícia dessas pessoas em busca de um território seguro para seguirem com a vida delas, mas nunca acredita que*

isso tem a ver com a sua vida. E segue em frente. Consome aquela informação, mas não reflete sobre ela, não se sensibiliza. Fazer isso é como passear pela rua e não querer ver aquela pessoa que está dormindo na calçada. A gente prefere não ver e acreditar que aquilo não existe. Porque isso traz um conforto.

Viver junto aos refugiados me ensinou a tirar o meu "fone de ouvido" e olhar para o lado. E isso não diz respeito apenas ao refugiado que está lá na Grécia, mas às pessoas menos favorecidas ou que precisam, de alguma forma, de acolhimento (emocional ou físico), às pessoas que estão próximas e precisam de auxílio. É se aproximar do outro e descobrir quem ele é; se ele precisa da sua ajuda e como você pode fazer isso. E encorajar os outros a fazer algum tipo de trabalho voluntário. Isso tem que nascer, primeiro, dentro da gente. Mas dá outro sentido para a vida. Muito maior.

A experiência na Europa mudou a vida do jornalista André Naddeo, que hoje trabalha com refugiados não apenas nos países do Velho Continente, mas na América Latina também. Sempre ajudando as pessoas a darem voz às suas histórias de vida. E, a partir disso, tocar, afetar o outro.

Cadernos de receitas e outras ideias

Tenho um projeto online chamado Minha Mãe Fazia (facebook.com/minhamaefazia), no qual trabalho bastante o que chamo de texto em camadas e a beleza e a poesia presentes no cotidiano, ou no ordinário. O Minha Mãe Fazia fala sobre gastronomia afetiva e memórias de infância (e vou falar mais sobre ele no capítulo 8). Escrevo textos que mostram o quanto a comida é carregada de histórias, sentimentos, lembranças, afetos. O formato é bem simples: uma foto, um texto e uma receita relacionada àquele texto. Posso escrever, por exemplo, sobre a geleia de jabuticaba. Mas, na verdade, não é só sobre geleia que estou falando, mas sobre a relação que tenho com meu pai (porque foi ele que me deu as jabuticabas que viraram geleia), e sobre as delicadezas presentes nas miudezas do dia a dia. No entanto, em nenhum momento, vou precisar gritar: ei, estou falando sobre relação, amor e a presença disso no cotidiano. Não, não preciso disso. O texto traz a mensagem por si só:

Meu pai me ensinou a perceber a beleza e a felicidade nas miudezas do dia a dia. Lembro de quando ele inventou uma engenhoca no sítio: um comedouro suspenso para os pássaros. E abria um sorriso de orelha a orelha quando percebia que os passarinhos estavam comendo as frutas que colocava ali. Felicidade boba, eu sei, mas bate gostoso no coração. Aliás, se tem uma coisa boa demais para se fazer com meu pai é passear pelo sítio. Ele entra no pomar, seu território particular, e se desmancha de amores pelas frutas e verduras que plantou. Um de seus maiores orgulhos é ver a jabuticabeira pintada de preto. "Olha que coisa mais linda", ele diz. Eu fico feliz ao sentir aquela frutinha explodindo na boca, doce, gostosa. Para mim, jabuticaba se come direto do pé. Que graça pode ter comer a fruta depois de colhida e embalada? Dias desses, meu pai me deu uma bacia, literalmente, de jabuticabas pretas e frescas, colhidas no sítio. Fiquei encantada. O gesto foi generoso e agradeci, comovida. Mas não falei para o meu pai que, para mim, comer a jabuticaba desse jeito não tinha graça – apesar de elas estarem realmente bem docinhas. Lavei tudo bem lavado e decidi fazer geleia. Ficou incrível e especial, porque não é qualquer geleia, mas a feita com as jabuticabas colhidas pelo meu pai, do pé que ele plantou, no sítio que ele construiu. É tudo isso junto, num mesmo pote. Como não sentir uma felicidade boa ao comer um pouco dessa geleia? Miudezas do dia a dia que nos ensinam mais do que horas em frente a um livro, a um computador, dentro da sala de aula. É a vida na sua essência. Nesse caso, em formato de jabuticabas.

Acho lindo perceber os caminhos diversos e as camadas profundas que cada pessoa trafega quando mostro a foto da geleia de jabuticaba e os convido a escrever sobre o tema – depois de explicar os conceitos da escrita afetuosa, claro. Tem gente que acaba escrevendo sobre jabuticabas, o pé que ficava no quintal da casa de infância; outros sobre a relação com a mãe; a solidão; as escolhas da vida. Tudo isso a partir de um pote de geleia. E cada um seguindo uma trilha completamente diferente. Mas todos os textos, invariavelmente, afetando o leitor.

As descobertas que podemos fazer a partir do momento em que olhamos para o nosso cotidiano com mais delicadeza e poesia são infinitas. Sempre digo aos meus alunos que, quando incorporarem isso, eles vão ligar a cafeteira para fazer o café e uma história vai nascer. É assim mesmo. A percepção de que podemos mergulhar mais e mais em qualquer tema a partir de algo corriqueiro vai se apoderando da gente. Quem faz isso muito bem é o jornalista americano Michael Pollan, que estuda e escreve sobre os processos de alimentação. Pollan já publicou alguns livros sobre esse tema. Um deles, no entanto, é dedicado ao ato de cozinhar. Sim, cozinhar. Aquilo que algumas pessoas fazem todo dia, de maneira automática, para se alimentar, saciar a fome – e pronto. Ele mergulhou no ato em si e a partir disso nasceu o belo *Cozinhar – uma história natural da transformação* (Intrínseca). Como estamos falando de escrita, eu realmente sugiro a leitura do livro. Mas, a saber, a obra virou documentário, *Cooked*, disponível na Netflix. Para mergulhar no tema, extremamente corriqueiro, Pollan divide o livro em quatro grandes blocos: Terra, Fogo, Água e Ar. E fala sobre a relação entre o cozinhar a partir de cada um desses elementos. No Fogo, entre outras histórias, ele conta sobre o churrasco tradicional americano em que se assa o porco inteiro e, para isso, conversa com um churrasqueiro que aprendeu a técnica passada de pai para filho. Mais do que explicar como é um processo de fermentação na alimentação ou dissecar como o fogo modifica a carne e outros ingredientes, Pollan narra trajetórias, conhece pessoas, traz a vida de cada uma delas à tona e, com isso, constrói relações. Porque, afinal, cozinhar está intimamente ligado às nossas relações, à maneira como convivemos, às nossas escolhas e caminhos. Dessa maneira, ele coloca a cozinha e o cozinhar onde sempre esteve: na vida. Ele reconhece isso, aliás, nas primeiras páginas da obra:

> *A premissa deste livro é a que cozinhar é uma das atividades mais interessantes e recompensadoras que os seres humanos podem fazer. Isso não estava claro para mim antes de decidir aprender a cozinhar. Porém, depois de três anos me empenhando, sob as ordens de uma sucessão de talentosos professores, para dominar quatro das principais transformações que chamamos de cozinhar – grelhar no fogo, cozinhar com líquidos, assar pães e fermentar todo tipo de coisa –, acabei com uma bagagem de conhecimentos muito diferente daquela que eu procurava. Sim, ao fim da minha formação, tornei-me muito bom em preparar algumas coisas – me orgulho sobretudo dos meus pães e de alguns de meus assados de panela. Mas também fiz descobertas a respeito do mundo natural (e do nosso envolvimento nele) que não acredito que pudesse ter feito de qualquer outro modo. Aprendi muito mais do que*

jamais imaginei sobre a natureza do trabalho, o significado da saúde, sobre tradições e rituais, autoconfiança e comunidade, sobre ritos da vida cotidiana e a suprema satisfação de produzir algo que antes só conseguia me ver consumindo, de fazer isso por razões que nada têm a ver com dinheiro, por nenhum outro motivo que não seja amor.

Uma vez, assisti a um documentário em que um padeiro, que fazia pães caseiros nos confins da Europa, falava sobre o que representava para ele preparar o próprio pão. Ele disse que quanto mais um pão passava por diversos processos mecânicos (máquina para misturar os ingredientes, por exemplo), menos sabor ele tinha. E isso acontecia porque quanto mais você põe a mão na massa, se envolve com aquele fazer, mais alma coloca ali. E isso se traduz em mais sabor. Isso me emocionou porque percebi que com a escrita não é diferente. Quando você se envolve com aquilo que escreve, mais alma existe naquele texto. E mais "sabor" o texto ganha. Por isso, me sinto muito à vontade em fechar este capítulo com um texto sobre comida e o universo que a cerca. É um texto que escrevi a partir da minha curiosidade pelos cadernos de receitas. Quando era criança, eu sempre folheava esses acessórios com uma curiosidade enorme. Adorava ler, perceber a grafia da minha mãe, ver as receitas retiradas das latinhas (de molho de tomate, leite condensado, creme de leite) espalhadas pelas páginas. Mais do que isso, achava curioso como os cadernos das mulheres de uma mesma geração eram tão similares. E me perguntava, "por quê?". Decidi pesquisar e, para minha surpresa, descobri que eu não era a única a me interessar pelo assunto. Encontrei pesquisadores com teses sobre cadernos de receitas, seus conteúdos, desenhos, formatos. Gente que, como eu, reconhecia neles um pedaço da história de todos nós. Um simples caderno de receitas me contou muita, muita coisa. Qualquer objeto a sua frente pode fazer o mesmo. Basta olhar, se interessar e escrever. Compartilho, a seguir, o texto sobre os cadernos de receitas de família, em uma versão publicada na revista *Bons Fluidos*:

Na minha casa da infância, comíamos carne de sol, feijão-de-corda e outras delícias nordestinas. É que minha mãe é pernambucana. E, quando se mudou para São Paulo, no final da década de 1960, fazer pratos de sua terra era sua maneira de se manter próxima daqueles que estavam longe, afastados por milhares de quilômetros. Sem perceber, minha mãe, dessa forma, também me aproximou da família que eu só visitava uma vez por ano, nas férias escolares. Desse jeito, percebi, desde cedo, que comida é laço, amor e história – a nossa história. Por isso, hoje, quando folheio o caderno de receitas da minha mãe, repleto de páginas amareladas e manchadas pelo tempo passado na bancada da cozinha, eu entendo que ele não me apresenta apenas receitas, mas também me faz retornar para minhas lembranças queridas, para o tempo em que ela cozinhava e eu só observava.

Na verdade, um caderno conta mais do que isso. E essa foi uma descoberta recente, depois que conheci uma pessoa tão apaixonada por esses acessórios quanto eu, a Débora de Oliveira, historiadora que mergulhou por três anos nos registros culinários de diferentes épocas. O estudo virou tese de mestrado, defendido na Faculdade de História da USP e, depois, se transformou em livro: *Dos cadernos de receitas às receitas de latinha – indústria e tradição culinária no Brasil* (Senac SP). Débora é neta de Silvina, paraibana, mulher guerreira, dona de casa, empreendedora, que sempre cozinhou para a família. Foi na casa da avó que ela apurou o paladar. "Comida é afeto, é descobrir o que você gosta e o que lhe faz bem", diz Débora.

Além do afeto, a historiadora percebeu que a vida na cozinha e as anotações culinárias são um reflexo do momento histórico e social de um período. Ou seja, para entender tudo isso é preciso olhar para o caminhar da sociedade: por que, durante décadas, as mulheres colavam receitas nas últimas páginas? Por que anotavam os nomes das pessoas ao lado?

Durante a colonização, nada era registrado e o cozinhar era obrigação das escravas. Mas era algo feito no olho, no saber antigo, na tradição oral passada de mãe para filha. Muito do nosso "modo de fazer" tem influência indígena, africana e portuguesa. Depois do fim da escravidão, em 1888, as coisas mudaram. As famílias se estabeleceram na cidade e ficaram mais distantes da roça, onde o frango era morto de manhã, temperado e assado para o almoço. Outro ponto: se não havia mais escravos, quem iria colocar a mão na massa? Existiam as criadas, claro, mas quem disse que as mulheres sabiam ensiná-las ou mesmo orientá-las sobre o preparo dos pratos? Eram moças de fino trato, educadas para servir aos maridos e preparar os doces finos, como os delicados camafeus. Foi nesse tempo que surgiram os primeiros livros de culinária, e as mulheres passaram a anotar seus aprendizados. Nesse momento, os cadernos se tornaram presente de casamento, dado de mãe para filha. "Outros acontecimentos também modificaram o comportamento na cozinha. Em 1910, surgiu o primeiro fogão a gás por aqui, no palácio do governo. Então todo barão do café queria ter um fogão assim. Mas nem a esposa nem a criadagem sabiam mexer naquilo", conta Débora. A companhia de gás trouxe, então, professoras da Europa. Foram elas que ensinaram como usar o novo acessório, a acertar o ponto e o tempo de cozimento. Depois, veio o auge da industrialização e a chegada dos alimentos processados, enlatados e de aparelhos como o liquidificador ou o micro-ondas. Como estratégia de divulgação vieram as receitas nas latinhas, os livros de refeições preparadas em micro-ondas, e assim por diante – foi dessa maneira que as embalagens foram parar nos cadernos.

DE AVÓ PARA NETA

Cozinhar para a família era a rotina de Martha Brandão Cocchiaro, avó da jornalista Liliane Oraggio. Martha morreu em 2008, com 99 anos. Ela morava nos Estados Unidos, para onde se mudou na década de 1960, em busca do sonho americano. "Chegando lá, foi ao mercado e comprou um caderno para passar seu antigo exemplar a limpo. Criou um índice e um anexo, onde colocava os recortes de revistas", conta Liliane. "Quando chegou aos 80 anos, ela me deu o livro", conta Lili. "Minha avó nasceu em 1908 e casou aos 18 anos. A vida dela acontecia na cozinha, com o marido e os filhos (três meninos) fazendo as refeições em casa. O caderno de receitas era um reflexo das pessoas com quem convivia, dos lugares que frequentava, das festas a que ia", diz. E continua: "É muita lembrança." Um caderno de receitas, enfim, está repleto também de sentimentos e memórias guardadas não apenas no papel mas dentro da gente.

["Caderno de receitas", Ana Holanda,
Bons Fluidos, novembro de 2017]

Exercício sugerido

Registre com seu celular imagens cotidianas simples: a xícara do café da manhã, a caneca que acomoda as escovas de dentes no banheiro, a soneca do cachorro, os chinelos deixados ao lado da cama, a pia da cozinha com a louça acumulada, o matinho que cresce no canto da calçada, a mesa de trabalho... Depois, selecione uma das imagens e escreva um texto sobre ela. Lembre-se de que a louça acumulada na pia nunca é só sobre a louça acumulada na pia, mas pode ser sobre a maneira como lidamos com nossos problemas, sobre nossa relação. O objetivo é trabalhar o texto em camadas, mergulhando nas histórias que aquela imagem tão simples está revelando.

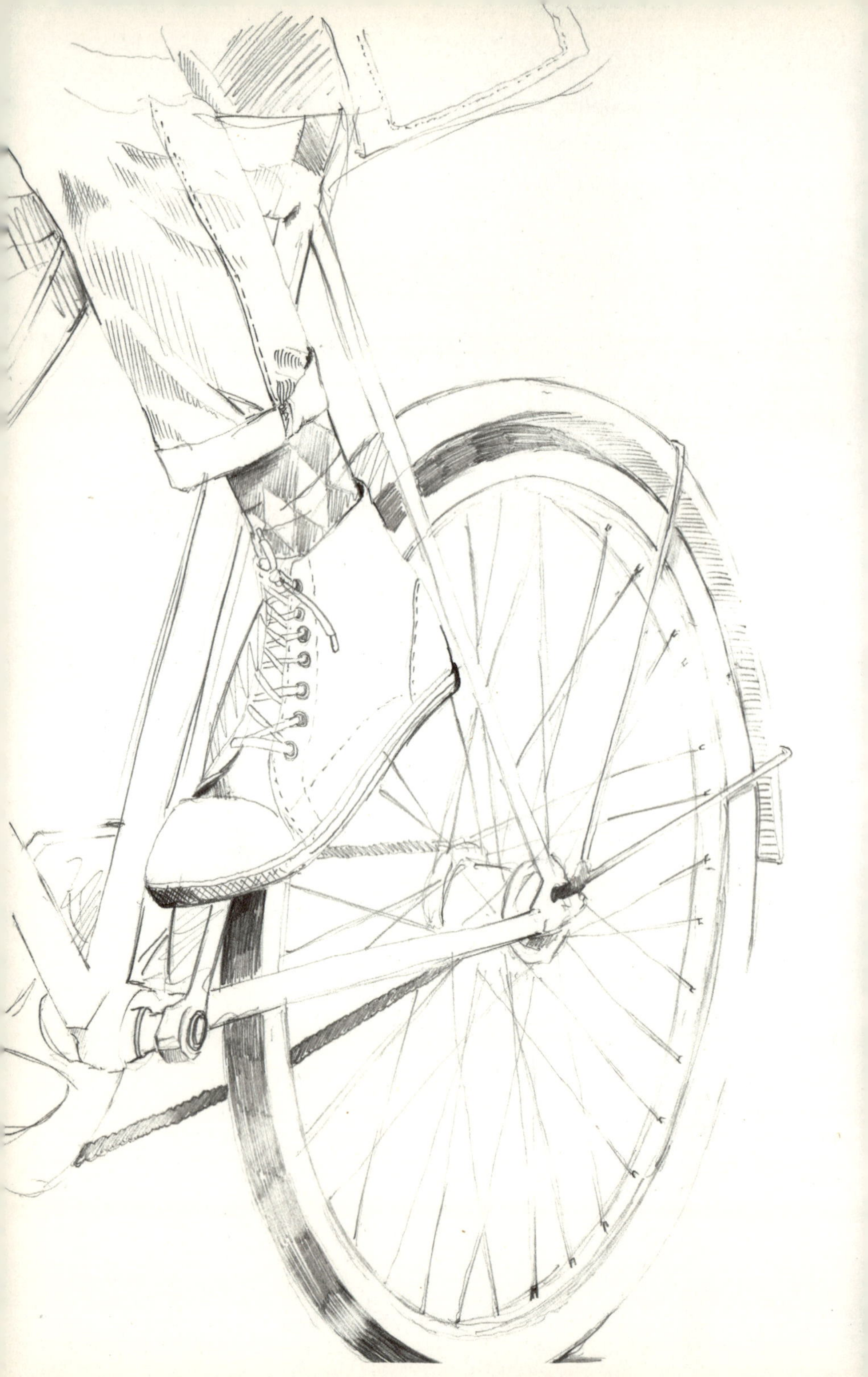

4. A FORÇA DA HISTÓRIA DE CADA UM

A maneira como contamos a história,
como escrevemos, nos fortalece e ajuda
a fortalecer o outro, encorajando-o a
sair da sombra e da inferioridade em que ele
se põe boa parte do tempo, colocando-o
novamente em pé de igualdade.

Lembro de uma das minhas primeiras tarefas mais ambiciosas na faculdade de jornalismo: entrevistar (de verdade) e escrever um perfil de alguém famoso. Senti um frio na barriga danado porque, naquela época, eu era uma garota bem tímida. Mas, ao mesmo tempo, bastante determinada. Lembrei que umas das minhas professoras de história da escola era irmã do ator Carlos Moreno. Naquela época (início dos anos 1990), ele era bem famoso por ser o garoto propaganda de uma marca de esponja de aço. Além disso, já havia participado de peças e filmes. Era definitivamente famoso. Liguei para a escola, consegui falar com a professora, expliquei o caso e ela me prometeu um retorno. Carlos topou receber aquela aluna ingênua de jornalismo. Levei meu gravador e várias fitas cassete. Antes da data do encontro, pesquisei muita coisa sobre a história dele (e não havia o Google). A entrevista foi marcada para um dia de semana, à noite, e ficamos conversando por quase duas horas – e eu precisando trocar o lado da fita a cada meia hora. Aquela entrevista se transformou no meu primeiro perfil. Como era tudo datilografado, não faço ideia de onde foi parar esse texto, e também não tenho qualquer registro da minha primeira entrevista porque, de tão nervosa que estava, não levei uma máquina fotográfica (é claro que não havia celular ainda). Para o professor era muito importante que a conversa fosse com alguém reconhecido, famoso. A questão é que aprendi, já no início da minha vida como jornalista, que as histórias que pareciam realmente importar eram as das pessoas que estavam, de alguma maneira, em destaque. Vidas comuns, não. O tempo se encarregou de me mostrar exatamente o oposto. A história de toda e qualquer pessoa importa, sempre. Seja ela quem for. E o grande desafio é sempre esse: reconhecê-las. Hoje, eu diria para aquela garota que fui, no início da faculdade: se importe com as pessoas, olhe para elas, questione, busque o caminho no desconhecido.

Como editora da revista *Vida Simples*, recebo, de vez em quando, pedidos de alunos de jornalismo que querem conversar comigo para algum trabalho na faculdade. Costumo recebê-los com prazer. Eles, de maneira geral, chegam com muitos roteiros prontos. Alguns pesquisam sobre meu trabalho e sabem de minhas ideias sobre a escrita afetuosa e (que bom) enveredam por este caminho. E, invariavelmente, depois que desligam a câmera ou param de gravar, fazem algum tipo de comentário. Eles se surpreendem com a liberdade de poder escrever e se envolver com aquilo que produzem, afinal, são ensinados a manter uma distância, uma posição neutra da pessoa com quem conversam. Talvez isso, na verdade, não seja uma prerrogativa do jornalismo, mas da vida: manter algum nível de distanciamento e segurança do outro. Sempre digo a eles que a escrita com alma é a que encontra o outro. E que eles devem buscar as histórias em toda parte. Todo mundo, absolutamente todo mundo tem uma história incrível para contar. E, a partir do momento em que você se dá conta disso e percebe que pode fazer isso, a conversa e a escrita fluem de uma maneira poderosa. De uma estudante, uma vez ouvi: "Mas minha professora disse que minha escrita é muito sensível e que isso não vai me levar a lugar algum." Expliquei a ela que a sensibilidade era sempre colocada em um lugar de menor valia. Nada contra a professora, mas a verdade é que as escritas sensíveis partem de gente que sabe enxergar a vida e o outro. E isso é essencial para conseguir produzir um texto que realmente faça diferença nesse mundo.

A jornalista Eliane Brum é uma dessas pessoas que sabem enxergar. No início de sua carreira, há mais de duas décadas, ela trabalhou no jornal *Zero Hora*, de Porto Alegre. Lá, ela escreveu crônicas-reportagens sobre pessoas desconhecidas. Os textos surgiam por meio do olhar atento de uma repórter em busca dos pequenos acontecimentos e o que há de mágico em cada um. Alguns desses textos estão reunidos em *A vida que ninguém vê* (Arquipélago Editorial). Como diz a própria Eliane Brum, em seu livro, sobre ser jornalista:

> *Sempre gostei das histórias pequenas. Das que se repetem, das que pertencem à gente comum. Das desimportantes. O oposto, portanto, do jornalismo clássico. Usando o clichê da reportagem, eu sempre me interessei mais pelo cachorro que morde o homem do que pelo homem que morde o cachorro – embora ache que essa seria uma história e tanto. O que esse olhar desvela é que o ordinário da vida é o extraordinário. E o que a rotina faz com a gente é encobrir essa verdade, fazendo com que o milagre do que cada vida é se torne banal. Esse é o encanto de* A vida que ninguém vê: *contar os dramas anônimos como os épicos que são, como se cada Zé fosse um Ulisses e cada pequena vida uma Odisseia.*

Perceber o extraordinário no outro e na gente mesmo traz, junto, uma força poderosa. E essa força está presente no texto que enxerga, percebe, sente. Durante muito tempo, editei seções de produtos em revistas. Todas as revistas fazem isso, não é mesmo? Colocam ali os principais lançamentos do momento, seja um produto de beleza, de comida, uma roupa etc. Mas ninguém, em geral, conta as histórias por trás daquilo. Um dia, percebi que eu poderia fazer diferente. E passei a procurar produtos que tivessem história. A partir daí, surgiram textos que não falavam apenas da moda dos óculos feitos com madeira de demolição, mas do casal que mora na Bahia e desenvolveu uma marca a partir do estilo de vida que levam por lá. Mais do que isso, o fato de eles estarem na Bahia também tinha relação com a história de amor que eles viviam. Os óculos assim deixam de ser só mais um acessório da moda para virem carregados de algo a mais. Ou as casinhas de brinquedo feitas em tecido por uma ex-arquiteta que redescobriu a paixão por costurar depois que o filho nasceu. Quando ela era criança, ficava com a avó costureira. Então, sua infância foi cercada pela máquina de costura, tecidos e linhas. E as lembranças dessa época eram boas demais para ignorar. Foi unindo essas recordações com a busca por uma nova rota profissional que começou a desenvolver uma linha de brinquedos em tecido. De novo, deixam de ser só brinquedos e se revelam como a história de alguém, cheia de alma.

Todas as histórias que mostrei até agora vão além do texto feito para revista. É uma maneira de pensar na hora de construir qualquer narrativa, independentemente da plataforma (revista, internet, TV, livro). E isso vale também para as empresas. Tenho pensado bastante sobre isso a partir das minhas próprias experiências. Fico vendo as propagandas das empresas de beleza, de uma maneira geral, e elas sempre falam da superfície. Não mergulham, por exemplo, no que a maquiagem pode representar de fato para uma mulher além daquilo que é apresentado num estojo de sombras. Todos os dias, antes de ir para a escola, meus filhos passam na casa dos avós (eles moram no mesmo prédio que eu, mas em um andar diferente) para dar um beijo neles. Em alguns dias, pergunto para a Clara como a vovó estava. Meu pai já passou dos 80, e minha mãe está cada vez mais próxima disso. Eles andam tendo muitos altos e baixos no humor, na sensibilidade e no olhar para o mundo. Não levam mais a vida com cor e poesia, mas a carregam com a dificuldade de quem se despede. Minha mãe, em especial, sempre foi uma mulher muito vaidosa. Quando era criança, tenho uma lembrança muito viva de ela se arrumando todos os dias, independentemente de se ia sair ou não. Ela secava o cabelo, fazia escova sozinha, colocava alguns pares de bobes, se fosse o caso. Se maquiava muito, com sombras de cores vivas (azul, rosa, violeta, não havia limites), blush, máscara para os cílios, lápis que contornavam os olhos, batom. E se perfumava. Sempre impecável, pronta para um encontro, um compromisso que nunca acontecia. Menina que eu era, não entendia isso. Achava um exagero. Hoje, entendo que era a maneira dela de se sentir viva. Como dona de casa, a rotina de cozinhar e cuidar dos três filhos não era, exatamente, a vida que provavelmente imaginou para si. Era o que era. Então, hoje, quando Clara vai dar um beijo na avó, antes da escola, ela percebe, sente, intui o estado emocional dela pela maquiagem. E, algumas vezes, responde: "Mãe, hoje a vovó não estava bem. Ela estava apenas com lápis nos olhos." Maquiagem para minha mãe, para mim e também para a Clara, é força de vida. Não tem a ver apenas com a casca daquilo que somos, mas com o que sentimos. Não se maquiar, não se preocupar com isso, se deixar sem tão poucos contornos, é perceber que a vida da minha mãe se esvai, dia a dia. Por que não falamos sobre isso?

Quem sabe ver, sabe contar

No início de 2017, tive uma conversa demorada com Marcelo Rosenbaum, idealizador do A Gente Transforma, movimento que tem entre seus pilares contar histórias de pessoas e de uma comunidade por meio dos objetos. Muitos desses objetos surgem das lembranças, de saberes antigos. Um dos primeiros trabalhos realizados pelo A Gente Transforma foi em Várzea Queimada, no sertão do Piauí. Por que Várzea Queimada? Porque a cidade tem um dos menores índices de desenvolvimento humano (IDH) do país. Marcelo e sua equipe queriam saber o que poderia vir de uma comunidade com uma autoestima tão baixa. Sim, porque o IDH tem relação com parâmetros como a existência de rede de esgoto, energia elétrica, educação, saúde etc. E quando alguém vive em um lugar em que falta tudo isso, não acredita que algo realmente interessante possa brotar dali. Mas para Marcelo "o lugar virou nosso grande laboratório – e estamos lá até hoje. A cidade não tem água nem rede de esgoto, mas tem amor e relação. Descobri que é um grande equívoco classificá-la como uma localidade com baixo desenvolvimento humano. Considero Várzea Queimada minha faculdade, uma universidade de saberes ancestrais; e os caboclos e os índios, meus professores. Eles estão conectados com a própria natureza, com o respeito ao que tem no entorno, e não têm a vida calcada no pertencimento".

Depois de alguns dias na cidade, Marcelo e sua equipe não conseguiam extrair nada daquelas pessoas, que, por sua vez, também não entendiam o interesse deles ali. Até que, numa tarde, na casa de uma das anciãs do lugar, Marcelo viu em um canto da casa um cesto lindo de palha. Ele perguntou o que era aquilo, e ela disse que era algo que já deveria ter sido jogado fora. O cesto era produzido, no passado, para transportar e armazenar a colheita. Era feito de palha, por meio de uma técnica transmitida de mãe para filha. Mas, conforme as pessoas iam tendo alguma condição financeira, um dinheirinho que fosse, os cestos de palha eram colocados de lado e substituídos por modelos de plástico.

Em Várzea Queimada, fomos para ficar um mês. Tínhamos como meta ir atrás de uma reconquista cultural e encontrar o artesanato deles, independentemente do que o mercado queria ou não. A gente foi lá para fazer troca, não fomos para resgatar, porque ninguém precisa ser resgatado; nem para fazer capacitação, porque todos são capazes. Ficamos, e, nos primeiros dias, as pessoas não traziam nada. Porque, nesses lugares, o massacre do tal do desenvolvimento e da classificação do baixo índice de desenvolvimento humano influencia a vida das pessoas, que ficam com uma autoestima bem baixa. Como consequência, consideram sem valor aquilo que seus ancestrais faziam. Porque, em geral, a gente não dá valor para o que vem da terra, da nossa herança. Até que, um dia, descobrimos na casa de uma anciã um cesto, que eles chamam de bogoió, um objeto de palha de carnaúba feito para guardar a colheita da roça. Mas, com o tempo, esse cesto foi trocado por baldes de plástico. E o trabalho de cestaria passou a ser colocado de lado, porque isso os conecta com a época em que eles não podiam comprar, com a pobreza, e então o rejeitam, têm vergonha daquele objeto. Lembro que a anciã, a dona do cesto, falou que aquilo era lixo. Ela disse que ia jogar fora, que era algo que a avó dela fazia. E era um cesto lindo, que deveria estar num museu, porque conta a história daquela comunidade. E daí dissemos que era aquilo que procurávamos. Pegamos aquele objeto e a partir dele nos inspiramos e reconquistamos dentro deles esse saber, de como o cesto era feito, para que servia. E as pessoas foram contando as histórias. Foi assim que surgiu toda uma coleção de cestos (vendidos nos grandes centros urbanos).

[trecho de "A descolonização do olhar",
Ana Holanda, *Vida Simples*, março de 2017]

Quando trazemos as histórias à tona, mostramos ao outro o seu valor. E isso é de uma força poderosa. A baixa autoestima não está apenas em Várzea Queimada, mas na vida de boa parte das pessoas. Muitas vezes não acreditamos que nós ou mesmo o outro terá algo memorável para relatar. Por que estou insistindo tanto nisso? Porque a maneira como contamos a história, como escrevemos, nos fortalece e ajuda a fortalecer o outro, encorajando-o a sair da sombra e da inferioridade em que ele se põe boa parte do tempo, colocando-o novamente em pé de igualdade.

Você pode ser protagonista

Ela estava sentada no canto, exatamente na fila do meio, e, ao longo do curso de escrita afetuosa, rebatia, em muitos momentos, minhas ideias. Ela cismava em dizer que uma escrita mais cheia de alma, em que ela se colocasse, não era possível. As pessoas querem ver números, taxas. Não, daquele jeito não era possível. Recebo, em sala de aula, gente das mais variadas raízes. Tem engenheiro, psicólogo, médico, estudante, aposentado, gente que trabalha com tecnologia da informação, analista de mídias sociais, chef de cozinha, nutricionista, *coach*, aprendiz de escritor e, invariavelmente, jornalistas. Abro as portas para todos porque entendo que a escrita é para todos, independentemente dos títulos que acumulamos ao longo da vida. E, de uma maneira geral, os jornalistas são os mais rígidos. Culpa da escola de comunicação, eu sei, que coloca um monte de regras dentro de nós, de maneira inflexível. Tiram, muitas vezes, nosso olhar curioso, nossa paixão, roubam a alma da escrita. E essa aluna era jornalista. Para ela, a ideia do autor do texto se tornar protagonista era algo impensável. Sim, para jornalistas, o envolvimento com o texto não é algo que devemos vestir. Mas, voltando à minha aluna, em um dos momentos do curso faço um acompanhamento individual dos textos produzidos por eles, durante um exercício de escrita. Como ela estava tendo uma postura quase agressiva comigo, fiquei com receio de me aproximar. Mas ela me chamou, pediu que eu lesse o que havia escrito, avaliasse. Li e transbordei. Era um texto lindo, que falava sobre o tempo das coisas, a opção por trabalhar em casa, o momento de espera entre a filha ir para a escola e o retorno dela para casa. Era lindo, sensível, cheio de poesia. Me surpreendi, olhei para ela e comentei: "Está tudo aí dentro." Então, nesta hora, quem transbordou foi ela. E me abraçou, se aproximou do meu ouvido e disse baixinho: "É que eu tenho medo."

Se colocar no texto não é tão fácil quanto se imagina. É preciso passar por todas as etapas que já comentei até aqui. Mas é necessário, primordialmente, coragem. E você só deve fazer isso se estiver disposto a se mostrar e, claro, se o tema pede isso. Lembro de uma carta muito sensível que recebi de uma leitora de *Vida Simples*. Ela falava o quanto a revista a tinha ajudado a superar a morte da filha, vítima de um acidente. Foi quando me veio a ideia de escrever uma reportagem apenas sobre isso: como superar a morte de alguém que se ama, seja um pai, mãe, filho, marido, irmão. Como? Chamei para escrever esse texto um jornalista de que gosto bastante, o Leandro Quintanilha. Leandro é sensível, sabe enxergar as pessoas e reconhece os caminhos pelos quais a história pede para ser contada. Falei com ele sobre a proposta. Ele conversou, então, com a autora da carta, e com gente que perdeu a irmã, o marido, e alguns especialistas em luto. Um texto tradicional sobre o tema, certo? Não. Leandro não é pessoa de textos assim. Mas eu também não esperava que ele viesse com um texto que me comoveu tanto, da primeira à última linha. Isso porque eu não sabia sobre a história que ele trazia, algo muito íntimo, do seu universo, da sua dor. Ele se colocou no texto na medida:

Era madrugada quando o telefone tocou no meu apartamento em São Paulo. É o único horário em que torço para ser engano. Era meu irmão. Dizia que meu pai havia tido outro enfarte e que era melhor eu embarcar para Goiânia no primeiro voo. Meu pai já havia sido internado uma dezena de vezes nos anos anteriores, mas desta vez havia uma solenidade na voz dele. E eu me perguntava se tinha acontecido.

Comprei a passagem pela internet e esperei acordado o amanhecer. Queria chegar a tempo de encontrar meu pai vivo pela última vez, para algum tipo de despedida. Na sala de embarque, tocou o celular. Era uma colega dos tempos da faculdade. Essa amiga me confortou com seus sentimentos e nunca soube que foi ela quem deu a notícia definitiva. É, não haveria despedida.

Me lembro bem da sensação: sozinho naquele espaço amplo e frio, com a mala de mão, tentando poupar a voz doce ao telefone de qualquer constrangimento. A verdade é que eu não sabia o que sentir. Quando finalmente vi o corpo do meu pai, fiquei surpreso com o fato de me sentir em paz. Ele parecia sereno entre flores brancas.

Não sou de chorar. No velório e no enterro, fui exposto ao choro dos outros, que despertava em mim um senso de inadequação. O que havia de errado comigo? O fato é que passei todo o ano de 2007 muito melancólico, com lágrimas que corriam facilmente. Não senti propriamente a perda – senti a ausência, o que toma mais tempo.

Para esta reportagem, conversei com estudiosos do luto. E com gente que perdeu uma filha, os pais, o marido. Acadêmicos ou empíricos, esses especialistas me ajudaram a perceber que o luto é uma experiência sobretudo subjetiva. Aceitar isso é o melhor jeito de começar a se ajudar nesse processo.

Depois desse início, cheio de si mesmo, o texto traz depoimentos de pessoas e de suas perdas, sobre como conseguiram, cada uma a sua maneira, lidar com a dor e a tristeza. Ele termina da seguinte maneira:

No ano em que meu pai morreu, tive vários pesadelos com ele. Em um deles, eu fazia uma longa viagem de carro, por estradas desertas, até encontrá-lo para um abraço. Em outro, mais perturbador, eu ainda morava com a família. Vivíamos normalmente, exceto pelo fato de que ele e eu compartilhávamos um segredo angustiante: só nós sabíamos que ele estava morto.

Hoje ainda sonho com meu pai com alguma regularidade. E, em geral, são também momentos em família, no apartamento onde morávamos. Eu ainda sou adolescente e o meu pai ainda está vivo. Meu inconsciente parece ter se desapegado da informação de que ele se foi. Ficou o essencial: é o meu pai e age como pai, sem nenhum tipo de idealização.

Eu acordo desses sonhos com saudade. Mas sem sofrimento. Hoje, enxergo o meu pai como uma obra completa, uma pessoa completa, com começo meio e fim. Eu o admiro pelo ciclo que viveu, pela pessoa em que se transformou a cada etapa no correr dos 54 anos que lhe couberam. Não precisamos de despedida. A saudade é só um jeito novo de conviver.

["Para seguir em frente",
Leandro Quintanilha, *Vida Simples*, maio de 2014]

Leandro se colocou, literalmente, no texto, contando a sua história porque ela cabia ali. Era forte, intensa, e ele estava preparado para contá-la. Já conversei com pessoas que tinham histórias fortes e inspiradoras, mas que não se sentiam à vontade com isso. E tudo bem. Cada um sabe dos seus limites. O que percebo é que o envolvimento, a exposição de quem escreve, é um caminho mais curto para encontrar o outro. Traz humanidade na sua essência. Faz brotar compaixão e proximidade. Nos coloca de frente, olho no olho. No entanto, há que se fazer isso com muito cuidado. Tem escritor que se coloca no texto de maneira desnecessária, ocupando um lugar que não deveria. Como? Quando sua fala, sua presença, é indiferente, ou seja, ela estar ou não ali não agrega nada ao texto.

A escrita em primeira pessoa não é tão fácil ou simples quanto se imagina. Não é sentar e contar a sua história. Tem gente que se atropela toda nessa busca. Traz reflexões em excesso, desnecessárias, começa a dizer o que *acha* sobre determinado assunto, mas não se expõe realmente. Isso torna o texto cansativo e sem ritmo. Pior, parece um general ditando regras. Escrever textos integralmente em primeira pessoa é um exercício muito bom para treinar isso. O começo é sempre o começo. Ou seja, na dúvida, lembre-se daqueles livros infantis que sugeri que você lesse no primeiro capítulo. Perceba a construção narrativa, linear, com começo, meio e fim. Na maior parte das vezes, a escrita é como o correr da vida. Quando estamos nos separando de alguém muito querido (o final de um relacionamento amoroso, por exemplo), não trazemos grandes reflexões logo no início da história. Quem consegue ter reflexões maduras no início de uma separação, quando, costumeiramente, as brigas giram em torno de quem vai ficar com os livros, os CDs, o jogo de copos de cristal? Não dá. Não é possível. É preciso tempo para as coisas se acalmarem por dentro para, depois, perceber com maturidade tudo que aconteceu. E, a partir daí, tirar boas reflexões e aprendizados em relação ao que se sucedeu. A escrita também pede isso. Não comece com a lição de moral, com a reflexão, o aprendizado em si. Conte a história da maneira mais simples e clara que conseguir. Conte, sem receio. Determinada decisão foi difícil? Fale sobre ela. Um encontro foi essencial para as coisas se acalmarem? Exponha-o. Os relatos sinceros são de uma profundidade enorme e têm a capacidade de afetar o outro intensamente. E, de novo: não ache que eles precisam ser sobre algo incrível que você vivenciou. Podem até ser, mas isso será o detalhe. Já li textos intensos sobre a última viagem de moto que a filha fez com o pai. Sentada na garupa, percebendo a paisagem, ela fala sobre a relação dos dois. Ele se despedindo da vida (estava com um câncer agressivo), e ela tendo que seguir com a dela.

"É tumor e é maligno, filha." As palavras repetiram-se, embora minha mãe tivesse dito apenas uma vez, em tom trêmulo. A frase atordoou minha cabeça como uma música sem ritmo. Fiquei confusa enquanto abafava o choro no lenço floral que usava, na sala de espera do hospital, no dia em que tudo desabou. Quantas famílias não teriam ouvido coisas piores naquele mesmo local, sentadas naquele sofá azul? Meu pai foi diagnosticado com câncer às vésperas de completar 50 anos. A doença, quando descoberta, já havia tomado o estômago quase por completo. De repente, vi o jeito prático, racional e matemático dele, um engenheiro mecânico que sempre adorou trabalhar com máquinas grandes, dissipar-se em um homem bastante abatido, e tive medo. A jornada, afinal, estava apenas começando. Quando a descoberta completou quase 30 dias, um detalhe me incomodou: meu pai ainda não havia ligado a motocicleta. Era tempo suficiente para eu notar. A Harley-Davidson branca – customizada com acessórios cromados e guidão elevado para dar o charme que ele queria – representava seu sonho de consumo. O modelo Road King (ou, em tradução livre, "Rei da estrada") havia sido escolhido 18 meses antes por mim e pela minha mãe, já que ele queria que fizéssemos parte desse sonho e hobby. Cresci sabendo da paixão do meu pai por motos – principalmente na categoria *custom*. Mas o sonho de consumo dele sempre foi uma Harley-Davidson. Ele não teve muitas motos ao longo da vida, porque queria investir mais nisso como um hobby, por isso desejava tanto uma Harley. Gostávamos de observar motos na estrada, visitar concessionárias e já tínhamos até as roupas próprias para a Harley, por exemplo, antes mesmo de comprar uma. Essas motos mais potentes, de passeio, sempre chamaram nossa atenção pela tradição, conforto, beleza e ronco do motor. Quando uma passava por nós na rua, meu pai sempre reconhecia o som. No 30º dia pós-descoberta-do-câncer, com as esperanças um tanto renovadas e uma provocação minha durante o café da manhã – "A moto não vai sair da garagem, não?!" –, meu pai decidiu sair comigo pela primeira vez desde que soube do seu diagnóstico.

(...)

A estrada sempre forneceu, ao meu pai, uma energia de renovação pela vida, mesmo após a descoberta do câncer. Era um sinal de esperança e uma possibilidade de cura, que não se concretizou. Eu vi meu companheiro de aventuras respirar pela última vez duas semanas antes do Natal e me abalei com a rápida viagem que ele teve pela Terra. Foram dez meses de luta contra uma doença que evoluiu de forma agressiva e ligeira, semelhante à potência de uma motocicleta de alta velocidade na estrada, que passa rasteira demais para ser assimilada aos detalhes, mas também barulhenta o bastante para ser ignorada. Tive consciência de que os quilômetros rodados da vida valem pelas companhias de viagem que acumulamos durante o percurso – nossos amigos e familiares – e pelas lições observadas ao longo do caminho. Há um jargão entre os motociclistas que diz que nós apenas observamos a paisagem quando estamos dentro de um carro, mas, em cima de uma moto, fazemos parte dela. Considerando essa afirmação e tendo consciência de que a natureza está sujeita a todo tipo de intempérie, somos paisagens expostas. Belezas frágeis. Meu pai, entre tantos ensinamentos, me ajudou a entender o valor, a complexidade e a vulnerabilidade da vida como uma estrada: um caminho cheio de obstáculos até chegar às paradas e aos destinos preparados para cada um de nós. Somos as belezas dos caminhos que percorremos. Mas também somos paisagens expostas e frágeis.

[trecho de "O que aprendi na estrada", Carolina Barboza, *Vida Simples*, agosto de 2016]

Até mesmo uma aula de natação pode render um depoimento lindo, como este a seguir da Ana Signorini, sobre o quanto nadar ajuda a colocar as ideias e os sentimentos no lugar e, entre uma braçada e outra, entender melhor o momento pelo qual se está passando, envolvendo a morte do pai e o fato de estar sem trabalho.

Na beira da piscina, é preciso coragem para entrar na água fria. É difícil vencer a própria resistência e cumprir o ritual de colocar a roupa de banho, a touca, os óculos e os protetores de ouvido. Mas o sol, quase sempre presente na capital carioca, ajuda nessas horas e aquece o corpo. A água da piscina está muito azul, o céu clareou e há verde ao redor. O vento sopra leve ao ar livre. Respiro fundo e mergulho. No início, entrar é um incômodo gelado, mas logo me acostumo. Nado todos os dias há exatos seis meses e quase já não sinto a água. É como se eu mergulhasse em um mar de gelatina. De tão habituada, parece que não estou sequer molhada, apenas acolhida pela piscina que, faça chuva ou sol, está sempre ali, grandiosa, para me abraçar sem reservas. Começo nadando (estilo) peito e vou pegando o ritmo aos poucos, abrindo caminho com meus braços e pernas, tentando fazer uma faxina na superfície onde irei, em breve, mergulhar de verdade. Lentamente, fico imersa naquele ambiente líquido. Pertenço àquela água, e o pensamento flui com meu corpo. A respiração abre os pulmões. Penso nos pulmões do meu pai, que não funcionaram no seu fim, há alguns meses. Estavam cheios de água, que precisou ser retirada com a ajuda de um dreno e pingava em um recipiente ao lado da cama no hospital sem que ele se desse conta disso. Seus pulmões estavam infeccionados e agora eu preciso do exercício para que os meus pulmões fiquem limpos e fortes por nós dois. A água passa por mim enquanto afundo e levanto novamente a cabeça de forma bem ritmada. Tudo boia junto comigo, molhado pela água fria e espalhado na piscina azul. De (nado) crawl, dou braçadas fortes que parecem ter a capacidade de tirar de dentro de mim a dor que insiste em me acompanhar nos últimos tempos. De início, as braçadas são pesadas e lentas. Três braçadas, viro o rosto para o lado, vejo o céu, o verde intenso e a linha da água. Três braçadas, viro o rosto para o lado e me lembro de todas as minhas pendências. Três braçadas, respiro de lado e lembro que estou recentemente desempregada. Três braçadas, e as notícias de jornal me invadem: minha cidade é suja, injusta e violenta. Três braçadas e lembro que meu pai se foi, e a permanente ausência dele em minha vida. Nunca pratiquei uma luta, mas aqui na piscina uso toda a minha força para rodar os braços e mover todo o meu corpo na água. Bato as pernas com mais intensidade e ganho com isso velocidade. A respiração sempre me acompanha. Não sei fazer a tal da virada olímpica, e invejo quem sabe, pois não precisa interromper o nado para seguir adiante. Mas, no crawl, já estou completamente integrada à piscina. As braçadas se tornam leves, e girar a cabeça para respirar já é um gesto completamente automático. Nesse momento, meu foco está no fundo da piscina e em me mover pra frente, sempre pra frente. Aliás, quanto mais profunda a piscina, melhor me sinto. O sol abre e os azulejos brilham logo abaixo de mim. Chego a ver meu reflexo. Penso que nadar na piscina é bom, mas nadar no mar é incomparável. Quando o tempo está fechado, nado com ainda mais força e penso estar na água salgada, vencendo, por mim mesma, ondas e ventos.

Uma, duas, três braçadas e nada disso importa. Apenas deslizo nela.

(...)

A precisão e a beleza de cada movimento dentro daquele espaço, a velocidade com que venço cada volta, os pequenos recordes de mim para mim mesma que bato ali dentro da piscina. Minhas vitórias, minhas derrotas e minha energia renovada. Quanto mais se gasta, mais se ganha. Repito esse mantra e renovo a fé de que posso sempre me encontrar fazendo aqueles movimentos cadenciados, olhando aquele céu azul e ouvindo o que o passarinho pousado na borda me diz. A mensagem não é traduzível, mas ela chega até mim e fala sobre sorte na vida, sobre o amor, que quanto mais se gasta, mais se ganha e sobre tudo o que insiste em surgir dentro e fora d'água. Meu pensamento transborda e escoa pela água. Não há realmente com o que se preocupar. A história é fluida e é possível reencontrar aquilo que se ama, sempre. Meus pulmões estão abertos e abençoados. Termino a série de 30 minutos e minha medalha de ouro quem me dá sou eu mesma.

[trecho de "O que aprendi ao nadar",
Ana Signorini, *Vida Simples*, outubro de 2017]

Não é só uma aula de natação. Nunca é. Existe sempre uma oportunidade para contar algo além, mais forte, potente e que encontre, acolha, abrace o outro apesar de suas próprias dores. O texto que divido a seguir é da jornalista Silvana Cardoso. Amiga de longa data, durante um jantar ela me contou sobre a avó que havia sido lavadeira. E o quanto a avó, neste lavar a roupa todos os dias, a ensinava não apenas a desencardir as peças, mas sobre a vida. Eu disse que a história era de uma beleza singela e que ela precisava contá-la. É um depoimento em primeira pessoa, é o autor do texto como protagonista, e é cheio de aprendizados presentes na vida, a beleza e a força que carregamos dentro da gente sem ao menos nos darmos conta disso. Delicado.

Sonhei com vovó. Sonhei que estávamos conversando e lavando roupa, como antigamente. Aqueles pequenos prazeres em companhia da matriarca da minha família. Acho que meu inconsciente me chamou para retomar aquela história de lavar roupa que comecei a contar há exatos 12 meses, no dia 27 de dezembro de 2015 – naquela manhã de calorão de verão como hoje, de sol forte como hoje, de luz intensa como hoje. Lembro que fui interrompida pela pergunta do tio, se eu sabia com quantos anos o pai dele, meu avô, havia morrido. Busquei os documentos e falei: "Com 42 anos. Jovem, né?" Ele me respondeu: "Eu tinha 4 anos." Mais tarde, fui novamente interrompida, e desta vez foi pela febre alta dele. No dia seguinte, perdi o rumo da prosa ao me deparar com a sua morte. Foi triste e não conseguia mais voltar ao texto. Hoje, exatos 12 meses daquele dia, abro o arquivo no computador, apago tudo e, como na vida, recomeço. Olho pela janela e vejo meus lençóis na corda, balançando como naquele dia. Lembro mais uma vez que sou neta de lavadeira, que os ensinamentos de dona Maria da Penha me fortalecem e me ajudam a passar pela vida como neta de lavadeira. Daquela que, após a morte do jovem marido aos 42 anos, criou os cinco filhos menores de idade "lavando roupa pra fora". Contava suas histórias e apertos enquanto me ensinava como segurar o pedaço da camisa com as duas mãos, os punhos fechados para, num movimento de vai e vem, esfregar o pano em cima do polegar. Tempos difíceis na década de 1940, quando tudo que ela sabia fazer se transformou em trabalho para criar os filhos, o menor com 4 anos – o tio querido que cito aqui. Tenho uma prima que também gosta muito de lavar roupa, como minha mãe também gostava. "É hereditário!", costumamos dizer nos nossos encontros. Enquanto alguns se divertem com a confissão, sinto um prazer imenso todas as vezes que separo as roupas para lavar – colocar na máquina, esfregar algumas na mão, pendurar nas cordas, esperar secar para "não dormirem no sereno". Costumo fazer isso nos dias que estou bem calma, com tempo de sobra, sem pressa. Assim, consigo aproveitar essas horas de lavagem de roupa para conversar comigo mesma. Não muito raramente, aproveito para espalhar meus pensamentos por aí em voz alta. E, quando faço isso, observo os lençóis que balançam ao vento e percebo como aqueles movimentos me enchem de alegria, de sentimentos que fazem parte da minha infância. Lavar roupa parece fácil, mas ser lavadeira na década de 1940 não era tarefa simples, já que era preciso pegar a roupa na porta do cliente, levar para casa, lavar, engomar, passar e entregar tudo limpo, esticadinho e cheiroso de volta para o freguês. Tudo isso sem máquina de lavar ou ferro elétrico. Mas a profissão foi, aos poucos, desaparecendo dos grandes centros com o advento e o aperfeiçoamento da máquina automática. Mas lavar roupa, contar histórias e cantar à beira do rio ainda pode ser uma cena comum em algumas localidades do Brasil, como no interior de Pernambuco e em Minas Gerais. Dessa tradição, em 1991, nasceu um grupo de cantoras em Minas Gerais, as Lavadeiras de Almenara. Senhoras lavadeiras que às margens do Rio Jequitinhonha fazem seu ofício e entoam as cantigas que aprenderam com suas mães e avós. Cantam para não esquecê-las, com o intuito de não deixar a tradição morrer com a profissão, já que através das canções também contam suas histórias pessoais e de toda uma região do país. Recentemente, pelas mãos do músico e pesquisador cultural Carlos Farias, o grupo de lavadeiras se tornou conhecido em todo o território. Mas isso não aconteceu só aqui: as Lavadeiras de Almenara também se apresentaram em diversos países, como Portugal e Espanha, já gravaram CD e receberam a medalha Ordem do Mérito Cultural em 2010, pelo Ministério da Cultura. Voltando para os ensinamentos de vovó, minha Maricota, ela dizia que "ajuda de criança é pouco, mas quem rejeita é louco". E, assim, aprendi a cozinhar e a lavar roupa de verdade. Enquanto me mostrava como fazer as tarefas da casa, também me ensinava sobre sentimentos, sobre as pessoas, sobre fazer caridade levando água para o padeiro no portão, pequenos gestos do bem sobre ter um olhar acolhedor para o outro. Ainda hoje, quando vejo minhas roupas branquinhas e limpinhas voando na corda, me lembro da sua sabedoria de gente sábia.

Mas, atualmente, creio que lavar roupa à mão não seja algo atrativo para a criançada. Conversar entre família lavando roupa então, extinção completa. Entretanto, vejo que algumas tradições familiares estão sendo resgatadas após gerações de mães culpadas de filhos órfãos. Cozinhar é uma delas. A grande quantidade de programas sobre culinária, e o incentivo através deles para que as crianças retornem com seus pais para a cozinha. Mesmo que seja só um apelo para os pequenos saírem da frente da web, para aprenderem coisas diferentes, quem sabe esse seja o pulo do gato para que as nossas jovens famílias retomem a educação por meio do coração amoroso e maduro da matriarca, do mais velho e também do mais sábio. Hoje, quando estendo minhas roupas no varal do quintal, penso naqueles ensinamentos à beira do tanque de pedra da nossa casa de vasta calçada, onde colocávamos as roupas para quarar. Ainda me pego estendendo uma toalha de plástico no sol de lascar para esticar uma toalha de banho e deixá-la bem branquinha, "mas não pode deixar a roupa esturricar, falha gravíssima para uma lavadeira", dizia vovó. É preciso ficar de olho, ir molhando aos poucos, com uma água rala de sabão, dentro de um balde, que balança num braço, enquanto o outro parece distribuir alguma coisa ao vento. Os movimentos devem ser largos para os lados porque isso espalha a mistura em cima da roupa já quente, como um ovo frito. E, depois dessa movimentação que se estendia por toda a manhã, enquanto o almoço ficava pronto, era preciso recolher tudo e começar, desta vez, o enxágue. Naquela época, não se falava em ócio criativo e, como todo ensinamento precisa de uma certa prática para ter sucesso, um dia perguntei para vovó como eu ia descobrir que a roupa já não tinha mais sabão, se estava ou não bem enxaguada. Ouvi: "Minha filha, não precisa gastar toda a água da casa, apenas encosta a roupa na boca e suga a água que ainda está nela." Se tiver sabão, você vai sentir o gosto e enxaguar tudo outra vez. Simples assim, né, Maricota? Isso me faz refletir que a vida pode ser simples da mesma maneira: pelas conversas à mesa no jantar ou no comando das colheres de pau. Mas o mais importante é estar entre os nossos para aprender, ensinar ou relembrar os "causos" do passado, os acontecimentos do dia anterior. Aquelas situações que pareciam indissolúveis e tiveram solução. Ou mesmo aquelas histórias bizarras de família que você jamais vai esquecer e vai recontar conforme a sua imaginação permitir para os filhos. Não importa quanto tempo se passe daquela avó ensinando a neta a lavar roupa, eu sigo acreditando que as memórias e experiências de toda uma vida ainda podem mudar o mundo, ou o pequeno mundo que construímos à nossa volta.

["O que aprendi ao lavar roupas", Silvana Cardoso, *Vida Simples*, fevereiro de 2017]

Exercício sugerido

Eleja um acontecimento da sua vida e escreva sobre ele. Pode ser algo bem singelo, mas que traga, por si só, algum tipo de aprendizado. A pequena horta cultivada na floreira de casa e o quanto isso lhe ensina sobre o tempo das coisas. O cachorro que chegou como um presente e lhe obrigou a aprender sobre tolerância. A amiga que foi passar um período na sua casa e, entre louça suja deixada na pia e sala desarrumada, lhe rendeu boas lições sobre convivência. A opção por vender o carro e usar a bicicleta como meio de transporte e o quanto essa decisão lhe mostrou sobre as miudezas do cotidiano que passam despercebidas. Ponha no papel.

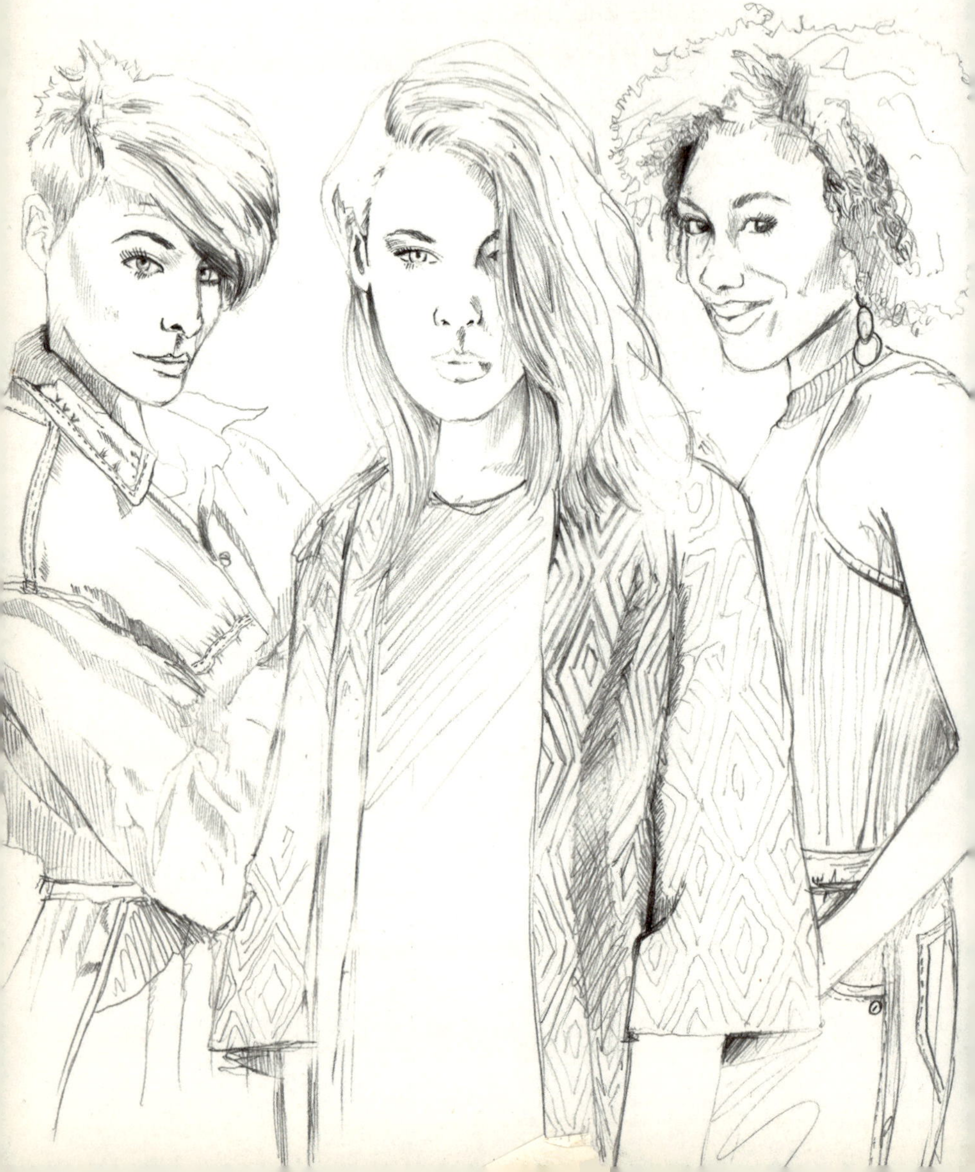

5. A FORÇA DA PALAVRA

A escrita que abraça, acolhe,
encontra uma quantidade maior de pessoas
não é aquela cheia de palavras inatingíveis, mas a
que todos têm a capacidade
de compreender.

Meus filhos vivem me fazendo perguntas inquietantes, sobre temas variados. Algumas vezes eu sei responder, outras não (acontece). Mas, em todas elas, fico pensando sobre aquilo. É encantador como, para explicar uma simples palavra, precisamos contar uma história. "O que é ditador?", "Intransigente?", "Exultante?". O que as crianças me incentivam a fazer é um exercício delicioso para que eu não esqueça de onde as palavras vêm e que histórias estão por trás delas.

Todas as palavras contam histórias. Todas. E perceber isso é de uma beleza profunda. São elas, por exemplo, que tornam um texto mais acessível ou, ao contrário, inatingível. Sim, porque há textos assim. São tantos os termos específicos, técnicos, jargões de uma determinada atividade profissional, que isso pode fazer com que o leitor não entenda nada. Já ouvi gente falando "isso é papo de médico" ou "isso é texto de advogado". Sempre se referiam a conversas ou escritas difíceis, complexas, cheias de palavras pouco usuais.

A escrita afetuosa não é apenas aquela sensível, poética. A escrita que abraça, acolhe, encontra uma quantidade maior de pessoas não é cheia de palavras inatingíveis, mas sim a que todos têm capacidade de compreender. Algo que me ensinou demais sobre essa decomposição dos termos complexos e de difícil acesso para as pessoas foram os textos de saúde. Durante alguns anos, escrevi de maneira constante para empresas e publicações desta área. Quando você conversa com um médico, ele vem cheio de termos, expressões, processos bioquímicos. Dá um tremendo trabalho ir esmiuçando tudo isso. Algumas vezes, encontrei profissionais com a paciência necessária para me explicar tim-tim por tim-tim. Em outras, não. E, então, meu papel era pesquisar, entender sozinha, em algumas vezes supor e, a partir disso, voltar a conversar com ele, perguntar se era aquilo mesmo etc. O objetivo é sempre fazer com que o leitor entenda.

Adoro pensar nas bulas de remédios. Lembro que, quando era criança, eu às vezes pegava uma ou outra para ler. Hábito estranho, eu sei. Mas sou filha de um médico que tinha uma farmacinha em casa bem volumosa. E aquele era um território de curiosidades para mim. Eu abria aqueles papéis em busca de entendimento, mas ele não vinha. As bulas de remédio da minha infância (décadas de 1970 e 1980) eram extremamente complexas, cheias de explicações com jargões médicos e processos bioquímicos. A transformação pela qual passaram é admirável. Hoje, ao ler uma bula, ela é bem simples, passa a informação necessária de maneira clara, com uma linguagem que boa parte das pessoas é capaz de compreender. Como poderia ser diferente, não é mesmo? Estamos falando da nossa saúde, da dos nossos filhos, nossos pais. Mas nem sempre foi assim.

A maneira como usamos as palavras pode nos colocar em diferentes níveis em relação ao outro. Se eu lhe conto algo e não uso as palavras certas, precisarei me esforçar para recontar essa narrativa e esclarecê-la. Para mim, não existe outro caminho que não seja esse. A palavra nasceu com essa função, a de nos conectar uns com os outros, de nos aproximar, de nos fortalecer, de nos lembrar de onde viemos e para onde vamos. E isso precisa ser resgatado, relembrado, revisto. Não deveria haver uma divisão social, de classes, a partir disso. Mas nem sempre é assim. Da mesma maneira que a palavra pode nos aproximar, ela pode criar quilômetros de distância entre nós.

Muros

Há pessoas que usam a palavra como um muro, se protegem atrás delas. Algumas, acredito, se dão conta disso. Outras, não. Imagine o que é para uma pessoa receber um diagnóstico em que o médico lhe diz algo que você não faz a menor ideia do que seja – e que ele também não se esforça para explicar? É a sua vida. Mas você não sabe se acabou de receber uma notícia péssima, que está no limiar entre a vida e a morte, ou se está tudo bem e é algo simples e fácil de ser resolvido. Ou, ainda, recebe um parecer jurídico em que não se tem a menor ideia se ganhou ou perdeu?

Existe, sim, um encastelamento da palavra, da escrita. E isso é muito triste. Deixamos de enxergar, de viver, de nos relacionar com o outro. Mais preocupante para mim é perceber que muita gente faz isso sem perceber, ou pior, acreditando que está conversando com o outro. Equívocos assim costumam acontecer quando usamos as expressões que todos estão usando. A intenção é boa. Mas, sem perceber, novamente, só estamos conversando com meia dúzia de pessoas que nos rodeiam. *Sustentabilidade, empoderamento, disruptivo, acessibilidade, economia criativa, facilitador*. Palavras e expressões como essas, que carregam uma história, ou melhor, que contam histórias de força, mas que enfraquecem, sem que a gente perceba, quando as usamos repetidamente e não criamos narrativas que as representem.

Outro dia, recebi um texto sobre produtos feitos por um grupo de *mulheres em situação de risco*. Sem se dar conta, a pessoa que o escreveu deixou a força do que ela tinha para contar se esvair. Fiquei com vontade de saber quem são essas mulheres, quais os riscos que elas correm, quais histórias elas carregam. Isso me aproximaria delas, faria com que eu as reconhecesse, me traria para perto. E, consequentemente, mudaria meu olhar, também, em relação ao que elas estão produzindo. Pense: o que é empoderar? O que é algo disruptivo? O que é algo acessível? O que significa exatamente uma economia criativa? Vejo textos inflamados, cheios de uma pretensa força, mas que se apoiam tanto nesses termos que esquecem do principal: contar as histórias, enxergar as pessoas nisso tudo. *Enxergar as pessoas.*

Sinto uma felicidade boa e boba quando leio textos que falam sobre histórias de força, da mudança que estamos vivendo hoje, das mulheres ocupando cada vez mais espaço, sem ao menos citar o termo *empoderamento feminino*. Você pode usá-lo, claro. Mas, de novo e de novo, não se esqueça das histórias. Conte-as. Isso colocará seu texto em um outro lugar, o levará para uma outra profundidade. Terá alma. Muita. Admiro demais os textos de Pedrinho Fonseca. Como ele mesmo se define, é pai de João, Irene, Teresa e Joaquim. Casado com Lua. Escritor, fotógrafo e roteirista. É autor do delicado *Do seu pai* (Editora Zouk). Pedrinho começou a escrever textos para o blog "Do seu pai", dedicados ao filho João. Depois vieram Irene e Teresa. E, antes mesmo da chegada do caçula Joaquim, o blog, que trazia textos de uma sensibilidade atroz, se transformou em livro. Pedrinho estabelece uma conversa com os filhos por meio de cartas, que publica nas redes sociais. Mas esses textos vão além do universo de qualquer um deles, e fala com todos nós. Encontra e ensina, sempre.

Brasília, 23 de agosto de 2017.

Teresa,
liberdade é não precisar de vento para sair descabelada. Te observo há quase quatro anos e penso sempre em voz alta – que menina inteligente. Inteligência, essa palavra antiga que juntou outras duas que, num resumo muito superficial do seu pai igualmente assim, quer dizer capacidade de entender. A sua percepção sobre o que está ao seu redor me espanta porque você é uma menina que não olha apenas para o que está alinhado ao seu olhar. Os horizontes iguais. Não. Você desvenda assuntos maiores e menores, mais ou menos altos, distantes ou íntimos, por esse jeito de ver o mundo num loop constante de descobertas divertidas e pouquíssimo, raríssimo dolorosas. Tem essa habilidade de percorrer seu pensamento por cordilheiras, vulcões, planaltos, vales, voltar de lá com uma montanha nova de assuntos para a mesa. Você dá risada do caos. Essa noite você não veio para a nossa cama e eu, estranhando o não movimento noturno, acabei fazendo o percurso inverso e fui três vezes na sua cama apenas para conferir se você estava bem. Coloco a mão na testa: não tem febre. Coloco a mão nos pés: não tem frio. Coloco a mão na consciência: ué, só porque não foi para a nossa cama significa que tem algo errado? Você apenas dormiu profundamente a noite inteira. Um sono pesado, de quem cansou tanto a inteligência no dia anterior que precisava mesmo dormir ininterruptamente para assimilar, aprender e, no dia seguinte, me ensinar. E acordou assim. Me ensinando que liberdade é não precisar de vento para sair descabelada. E eu, careca de saber, descobri algo novo de novo. Com você.

Do seu pai,
Pedro.

Tem um texto de Pedrinho, em especial, que diz muito, sem precisar se ancorar nas palavras e nas expressões usadas, habitualmente, sem moderação. Ele fala sobre suas meninas, Irene e Teresa, e da capacidade delas em ganhar mundo. É empoderamento, sem falar de empoderamento. Na versão original há uma imagem das meninas, próximas, seguidas deste texto arrebatador.

> *Você pode questionar um mundo liderado por mulheres. Pode colocar na balança as suas próprias convicções, as suas próprias experiências, as suas próprias vontades. Você pode pensar no impacto que isso vai ter para a sua vida (profissional e pessoal). Pensar no quanto você terá que abrir mão – tempo, dinheiro, crachá, posição, ambição, saldo bancário. Você pode correr contra o tempo e, antes que isso aconteça, antes que elas liderem a porra toda, pode tentar acumular esses valores que o interessam em particular – tempo, dinheiro, crachá, posição, ambição, saldo bancário. Você pode olhar com desdém para cada passo que elas já dão. Pode pensar e repensar em maneiras de se modificar durante esse processo para que você mesmo tenha um certo espaço nesse novo mundo. Pode sofrer também. Agonizar na sua mesa de madeira escura, diante da tela suja do seu computador, fumar seu cigarro careta, pode telefonar para seus amigos que – como você – tomam ansiolíticos, comem rápido, dormem mal, e compartilhar sua dor. Você pode olhar com distanciamento para a proximidade deste tempo. Você pode até tentar não dançar esta música que toca tão alto no baile que já avança por esta noite tão iluminada. Tem uma coisa que você não pode. Ficar indiferente. Porque elas vêm com tudo, meu amigo. E não estão para brincadeira.*

Consumidores, usuários, colaboradores

Desde que minhas crianças nasceram, descobri que eu não dava mais conta das coisas. Demorei um tempo para me habituar e admitir para mim mesma que tudo bem, não havia problema nisso. Elas ocupavam meu tempo e energia. Não era possível mais manter livros e miudezas no lugar, que passaram a habitar lugares diversos da casa. Entre pilhas de roupas para passar, louças se acumulando na pia e crianças correndo apressadas e risonhas pela casa, Vania chegou. É ela quem me ajuda, que organiza as caixas, as compras, as roupas. Quem cuida de mim, quando eu preciso ser cuidada. É quem percebe meu olhar cansado de uma noite maldormida. Hoje, ela está no comando, leva as crianças para a escola, coordena para que tudo aconteça em casa, do conserto da descarga à ração do cachorro que está chegando ao fim, e evita os acúmulos desnecessários pelos cômodos. Quando saiu de férias e foi ver a família nos confins do Nordeste, voltou trazendo nos braços uma panela de barro embrulhada em papel jornal. Era para mim. Sempre quis ter um acessório desses, e Vania sabia ou intuía, porque ela nunca me perguntou, de fato. Ela pediu para uma artesã da cidade natal fazer o acessório. Mas não era panela para decorar, era para usar. Quando adoeci e precisei me ausentar, foi ela quem ficou com meus filhos, os acolheu, os distraiu. Então, como posso dizer que Vania é minha funcionária? Vania é Vania. Ela é tudo isso. Ela é alguém. É uma mulher, mãe, esposa. Tem um passado, um presente e um futuro. Vania, de novo, é Vania. As pessoas são as pessoas. Mas também as classificamos, as reduzimos, as afastamos quando usamos termos para designar o outro. Se você está comprando algo, passa a ser um consumidor. Você deixa de ser aquela pessoa (homem ou mulher) que saiu de casa para comprar os cadernos e livros para os filhos. Porque você se esforça para pagar a escola que, você mesmo, não teve. E, por isso, precisa garimpar ali e aqui os melhores preços. Você, agora, é só um consumidor no corredor de uma loja abarrotada de gente. Também se desqualifica quando passa a ser um colaborador. Você acorda às 5 horas da manhã, pega trem, ônibus, anda a pé para chegar ao trabalho. Se preocupa com o seu futuro e com o do seu filho. Pensa nos seus caminhos, nas possibilidades que a vida lhe oferece, nas possíveis opções, nos atalhos (se é que eles existem). Você tem sonhos, desejos, anseios. Mas, quando passa a ser colaborador, perde junto sua identidade. Muita coisa se esvai quando começamos a classificar e encaixotar pessoas. Até mesmo pessoas, vejam só, passam a ser pacientes, indivíduos, seres humanos. Quando usamos termos assim em um texto, deixamos de nos reconhecer como pessoas. São pequenas mudanças, mas que podem fazer uma grande diferença.

Mobilidade, usabilidade e outros

O ano era 2014 e recebi uma encomenda da editora para a qual trabalhava naquela época, a Abril, para fazer uma edição especial de *Vida Simples*. O objetivo era fazer uma revista temática. Vínhamos de dois anos seguidos falando sobre bicicleta. Eu queria alargar este horizonte. E foi então que tivemos a ideia de fazer uma revista que abordasse os caminhos e a liberdade de ir e vir: de bicicleta, carro, ônibus, a pé. O mote central era "Vá, da maneira que você quiser". Essa edição ganhou o título de *Faça o seu caminho*, e o texto central falava sobre como percorrer os trajetos diários com mais afeto e menos estresse. Na época, o repórter que escreveu o texto saiu para conversar com pesquisadores, com gente que estudava o ir e vir das pessoas todos os dias. Como era de se esperar, todas lhe forneceram muitos números, taxas, porcentagens, métricas. E o texto veio recheado delas. Números que, para o meu olhar, não faziam diferença. Quantos ônibus, metrôs e táxis a cidade de São Paulo tem? É claro que isso faz diferença no meu ir e vir, mas é preciso ir além. É necessário entender o impacto disso na rotina de quem vai de um lado para o outro da cidade. O texto veio carregado de termos como *usuário*, *mobilidade urbana* (expressão pomposa), *modal* (que prometo explicar o que é já, já) e números, muitos números. Não posso dizer que esse olhar estava incorreto. Aquele texto poderia facilmente ser publicado em um jornal diário, por exemplo. Poderia fazer parte de um livro que abordasse a questão. Talvez ninguém fosse, realmente, se incomodar com ele. Mas eu me incomodei. Não havia ela, a vida. Eu não me via ali. Eu não sou uma usuária. Sou alguém que, alguns dias da semana, vai de bicicleta para o trabalho. Em especial nos dias de sol, porque, na ida ou na volta, posso passar por um parque perto de casa e me demorar por alguns minutos, apreciar a vista, ver um pôr do sol, quem sabe. Já cheguei a ir a pé, também. E, na caminhada, colocava as ideias no lugar. Não me vejo como uma usuária, não me enxergo naqueles números, nas taxas. Eles não representam nada para mim, na verdade. E provavelmente o efeito que têm nas pessoas é o mesmo: não conversa. Mas bastou uma troca de ideias com o autor. Faltava ele também se enxergar ali. Afinal, ele é alguém que, nos dias de sol, faz o trajeto de casa uma parte de ônibus (porque ele nem sequer dirige, por opção própria) e a outra a pé, para perceber a noite chegar. Faltava a alma dele ali. E o resultado final veio. Lindo.

A seguir, apresento as duas versões do texto. A primeira é carregada pelo excesso de números. Poderia ser um texto publicado em um jornal. Poderia ter se transformado em reportagem para a TV. Mas ele só passaria. Não faria diferença na vida de ninguém. O segundo é cheio de alma, conta a história, se aproxima, "pega o ônibus junto com o leitor" e ainda senta ao seu lado.

A PRIMEIRA VERSÃO

Em reportagens sobre mobilidade urbana, você costuma encontrar dados sobre velocidade média em horários de pico, quantidade e qualidade da frota, capacidade de passageiros por veículo. Você também se informa sobre prazos para implantação de novas infraestruturas e sobre o custo-benefício de diferentes modais e sistemas. Reportagens sobre mobilidade urbana falam bastante sobre tarifa, inflação, o preço do combustível, licitações públicas e poluição. Algumas das melhores reportagens do tipo tratam de planejamento urbano e de vontade política. Chegam até as eleições, com um bilhete só. Eu peço licença para seguir um outro caminho.

Quero falar sobre como você se sente em seus trajetos diários. Mas, ok, posso tomar alguma distância até que se sinta confortável. Posso explicar de outra forma: esta é uma matéria sobre experiência do usuário em seus deslocamentos urbanos. Mais formal assim? Mais matéria de revista. Vamos tratar aqui das impressões e dos sentimentos das pessoas que se locomovem pela cidade. É uma matéria sobre a cabeça do usuário batendo de leve no vidro da janela do ônibus, enquanto tenta cochilar a caminho do trabalho, porque acorda cedo demais. Sobre a música que curte cantar no carro, quando se esquece de que podem vê-lo pelos vidros. Sobre o fato de preferir ir a pé nos dias mais bonitos. Porque, se partimos do pressuposto que o usuário é uma pessoa, a experiência do usuário é uma parte da vida dele. Da sua.

(...)

Falemos logo da numeralha, para parar logo de falar da numeralha. Só para entender que números são muito importantes, mas não são tudo. Peguemos como exemplo São Paulo, a maior cidade do país, tão emblemática que é. De acordo com dados da SPTrans e do Detran-SP, os 11 milhões de habitantes da capital paulista dispõem de um sistema viário com 17.300 quilômetros de extensão e cerca de 7,3 milhões de veículos, entre carros, motos, ônibus, caminhões e utilitários.

Ao mesmo tempo, há 58 estações de metrô e 89 de trem, que chegam às cidades vizinhas. Táxis são quase 33,5 mil, além de peruas escolares (12 mil) e fretados (14 mil). Números são importantes para se entender os desafios em questão – sem dados, não há planejamento. De acordo com a Companhia de Engenharia e Tráfego de São Paulo, são 266,31 quilômetros de infraestrutura cicloviária na cidade.

A SEGUNDA VERSÃO

O que muita gente considera perda de tempo é um passatempo para ele. Adamo Bazani, de 36 anos, mora em Santo André e trabalha numa rádio de São Paulo. Todos os dias, ele passa três horas e meia dentro do ônibus, do metrô e do trem. Por sorte, no caso dele, o transporte urbano não é apenas um meio de locomoção, mas um hobby. Adamo é busólogo: um cara apaixonado por ônibus a ponto de estudar o assunto nas horas vagas. Modelos, motores, fabricantes e até sistemas de transporte público. A viagem dele é o ônibus em si.

É que a relação de Adamo com coletivos começou de um jeito muito afetivo, na infância. "Naquela época, talvez por se tratar de uma cidade pequena, os motoristas de ônibus que atendiam o bairro se tornavam amigos da comunidade", conta. E, como eram de confiança, os pais deixavam o pequeno Adamo, com quatro ou cinco anos de idade, passear com eles pela cidade.

Ok, é uma paixão específica. Mas é também elucidativa sobre como o significado de nossas experiências com o transporte urbano é subjetivo e, portanto, mutável. Qualquer pessoa pode reinventar a sua relação com os trajetos que faz no dia a dia. É sobre isso que queremos falar aqui. Você também pode chamar de mobilidade urbana, essa expressão pomposa. Ou de vida real, se isso não soar pessimista para você. O importante é que se mantenha aberto a perspectivas diferentes. Então, por favor, senhor passageiro: deixe-se conduzir e aproveite a vista.

Eu sei que, em reportagens sobre esse tema, você costuma encontrar dados sobre velocidade média em horários de pico, distribuição da frota e quantidade de pessoas por veículo. Tudo isso pode soar muito técnico e chato, é verdade. Mas passageiros (ou "usuários") são pessoas, e destinos, os lugares aonde elas querem chegar: casa, trabalho, faculdade, festa, parque, cinema. Infraestrutura são ruas, túneis, pontes e veículos que tornam essas viagens possíveis. Modais são os diferentes meios de locomoção: ônibus, metrô, trem, carro, táxi, bicicleta e esse belo par de pernas que você tem aí.

Reportagens tradicionais sobre mobilidade urbana também tratam de outras coisas que fazem tão parte do nosso dia a dia, como tarifa, inflação, o preço do combustível, licitações públicas e poluição. Algumas das melhores reportagens do tipo abordam ainda o planejamento da cidade e a vontade política de fazer isso ou aquilo acontecer. Eu peço licença para seguir um outro caminho. Prometo não fazer curvas acentuadas ou paradas bruscas.

Vamos tratar aqui das impressões e dos sentimentos de quem — como eu e você — precisa, de alguma forma, se locomover pela cidade (faz parte da vida, não é mesmo?). Sobre como você se sente em seus trajetos diários, confortáveis ou não, abarrotados de gente ou não.

É um texto — ou um olhar generoso — sobre a cabeça do "usuário" batendo de leve na janela do ônibus, enquanto tenta cochilar a caminho do trabalho, porque acordou cedo demais. Sobre a música que curte cantar no carro, quando se esquece de que podem vê-lo pelos vidros. Sobre o fato de preferir ir a pé nos dias mais bonitos. Porque, se partimos do pressuposto de que o usuário é uma pessoa, a experiência dele é um pedaço da vida. A sua também.

[trecho de "O importante é o caminho",
Leandro Quintanilha, *Vida Simples*,
edição de mobilidade, setembro de 2014]

Ao ler este texto, tenho a sensação de que quem o escreveu ficou na fila do ônibus comigo, entramos e sentamos lado a lado. E, neste momento, nos apresentamos e trocamos algumas ideias. Ele estava ali, junto comigo. Próximo. O que os textos cheios de números, taxas e termos complexos fazem é esvaziar a vida da gente pelas palavras. Uma pena.

Os grandes temas

Tive uma aluna que trabalhava dando consultoria financeira para gente como eu e você. Depois de atuar por muitos anos em grandes empresas, sentiu falta de fazer uma diferença real na vida das pessoas. Ela já entendia que a maneira como lidamos com o dinheiro tem relação com a história de vida de cada um. O modo como seus pais lidavam com o dinheiro o influenciou de uma forma poderosa, mesmo que você não tenha se dado conta disso. O jeito como você gasta ou guarda seus recursos também está diretamente relacionado com as suas emoções e a vida de todo dia, quem você é hoje e o que espera para o futuro. Ela me contava tudo isso e eu ficava fascinada. O objetivo dela era colocar todo esse olhar nos textos. As primeiras experiências dela com a palavra não foram boas. Os escritos iniciais vieram com uma linguagem dura, divididos por itens, cheios de termos de finanças. Eu então lhe disse que a economista ainda falava alto demais dentro dela. Era preciso baixar o tom e deixar que a pessoa que ela é aflorasse ali. O resultado, depois de algumas idas e vindas, foi um texto cheio de vida, que explicava como a gente se relaciona com o dinheiro e por que tomamos determinadas atitudes em relação a ele. Era claro, simples e cheio de alma. Foi um caminho longo que ela precisou trilhar para chegar ali, mas percebeu a diferença que um texto afetuoso fazia para ela e para o outro. Quando escrevemos com a alma, nos colocamos, o texto nasce, ganha vida e vai para o mundo para semear e fazer outras vidas florescerem.

Isso vale para finanças pessoais, política, violência, economia mundial, saúde e as doenças que colecionamos, e questões como ansiedade, propósito de vida, sentido, gratidão, envelhecimento, saudade. É preciso mergulhar em cada um deles, às vezes buscar referências da sua vida, trazê-los à tona, lidar com as emoções que vêm junto (e essa é a parte que costumamos temer) e começar a delinear seu texto. Alguns demoram para nascer, precisam de tempo para depurar dentro de nós, justamente porque precisamos estar prontos para lidar com o que vem junto. E tudo bem. Fazer isso já é um sinal de que ele vai nascer cheio de si, de você, de alma, de vida. Faça no seu tempo, mas faça ponderando mente e coração. Sem medo de parecer piegas. Vergonha deveríamos ter de viver pelas bordas, sem experimentar a intensidade das coisas.

Recentemente, escrevi um texto que demandou muito tempo de amadurecimento para mim. Era sobre meu pai. Ele faz aniversário em agosto, sempre próximo ao Dia dos Pais – e um dia depois do meu aniversário. E eu tenho como hábito escrever sobre ele, sobre o nosso tempo juntos. Mas, quando ele completou 82 anos, isso não foi tão simples assim. Falamos de envelhecimento muito pelo olhar da liberdade de poder usar esta ou aquela roupa; de manter a beleza com 60, 70, 80 anos; de poder ostentar nossos fios brancos. Mas isso ainda é superficial. Não falamos sobre o envelhecer do ponto de vista de quem se despede da vida. E, em geral, não fazemos isso porque falar ou escrever sobre isso dói – no outro e na gente. Era neste envelhecer que eu queria mergulhar e, na época, foi este texto que nasceu.

Eu não me lembro de vê-lo com um livro na mão quando era criança. Os livros entraram na vida dele há pouco tempo. Acho que o hábito se fez depois que o tempo se tornou tão pausado, extenso, vagaroso. Não há muito o que fazer. Ele anda pouco. As pernas doem. Então ele lê. Muito. É seu refúgio. Seu jeito de lidar com o tempo, com a vida que se esvai sorrateira por entre as mãos. Meu pai foi batizado Paulo. Eu fui batizada Ana Paula. Era ele em mim. Mas não precisava de nome para dizer o que o coração já sabia. Foi ele quem me ensinou a nadar, a sentir o cheiro de mato, de fruta. Ele sempre me acolheu e entendeu, mesmo quando não aceitava as minhas escolhas. E, desse jeito, ele me ensinou que amor é aceitar a escolha do outro, é dar a liberdade para o outro ser o que quer e deseja – talvez eu o tenha ensinado isso, não sei. E, de verdade, talvez isso não importe. Porque esse não é um jogo para saber quem é o dono das verdades da vida. É uma forma de se relacionar, sentir, perceber, olhar e se misturar nisso tudo. E ao vê-lo passar seus dias mergulhando nas histórias, no mundo das palavras, me dá uma angústia danada, uma vontade de me calar, de não falar. Ele sempre olhou para o horizonte. E eu gostaria que ele seguisse olhando. No Dia dos Pais não teve foto. Preferi guardar a imagem dele de todo dia, de quem ele é, na lembrança mais viva que carrego comigo. Dos seus cabelos ralos, brancos. Do cheiro que sinto quando me aproximo dele. Na pele cheia de rugas, dos dentes quadrados, das mãos fortes, do olhar sempre a me olhar e a me refletir. Guardei minha dor e preferi registrá-lo assim, o amando e respeitando pelas escolhas que ele está fazendo agora. Difícil presenciar a vida se esvair todo dia. Difícil não ter com quem dividir essa dor. Difícil olhar para ele e pensar que o tempo dele não é uma questão de escolha. É o que é. Não teve sorriso, não teve o registro do abraço. Teve o amor. E sempre terá. Sempre. Feliz dia, pai. Feliz todo dia.

Ana (Paula) Holanda, filha de Paulo.

Para finalizar este capítulo, que é (devo revelar) um dos mais queridos para mim, selecionei este texto, que recebeu o primeiro lugar do Prêmio Longevidade, da Bradesco Seguros, na categoria reportagem de mídia impressa, em 2017. O tema é o envelhecimento, mas por um olhar extremamente humano, sincero e cheio de alma. Concorri com muita gente e com textos ricos em informações, gráficos, pesquisas e números sobre o envelhecer. Algo que me guiou nesta narrativa é que o envelhecer não é algo para quem tem mais de 60, 70, 80 anos. Mas que acontece todos os dias na nossa vida. Somos isso, um acúmulo de ano após ano. Isso está expresso nas linhas do nosso rosto, na textura e cor dos cabelos, no formato do corpo, mas também nas ideias, experiências, vivências e sabedoria para discernir qual o melhor caminho a seguir. Envelhecer é isso e também é despedida, é saber lidar com a dor (emocional e física) e, essencialmente, com nós mesmos. Lembro que não me animei muito ao inscrever a reportagem. Não que eu achasse que ela não fosse boa o suficiente. Muito pelo contrário. Eu gostava demais deste texto, deste olhar. Mas eu não sabia, sinceramente, como iria reverberar no comitê de jurados. A primeira surpresa foi receber a notícia de que eu estava entre as finalistas. E, no dia da entrega, veio a segunda e melhor surpresa: eu ganhei! Ao subir no palco para recebê-lo, uma das pessoas que me abraçou disse: "Seu texto me emocionou." Agradeci. Para mim, um prêmio me ajuda a confirmar aquilo que eu intuo todos os dias: a escrita só faz sentido se tiver a capacidade de expressar a vida. Leiam e sintam.

Tio Josias ou Jó, como gostávamos de chamá-lo, estava com 82 anos. Era o irmão mais velho da minha mãe. Lembro dele como um homem grande, pouco afeito a palavras gentis. Ria pouco, brincava pouco, abraçava pouco. Era parecido com a minha avó Esther, na aparência e no afeto medido a conta-gotas. Eu não via tio Jó havia muitos anos. Um dia, minha mãe me ligou e deu a notícia: "Meu irmão Josias morreu na quinta" – era um domingo. Eu não sabia ainda o que falar, quando ela emendou. "Falei com ele na segunda, se despediu dizendo que eu ficasse bem. Ele só estava esperando seu dia de partir. Morava sozinho, porque não queria dar trabalho para os filhos, e passava todo o tempo no apartamento, só esperando... Deixou até mesmo o próprio enterro pago", contou. "Também, já estava com 82 anos", finalizou ela, e entramos em outro assunto.

Estar com 82 anos é mesmo pré-requisito para partir? Se tem algo que me dá um baita receio é ir embora com a sensação de que a festa ainda não acabou. Essa, aliás, é uma reação que adoro ver em meus filhos: eles sempre querem aproveitar cada instante (de uma festa, de um passeio) até a última gota. É intenso, o tempo todo. Faz sentido, porque, pra gente, esse é um comportamento normal de quando se é criança. Mas por que a vida não pode seguir assim, intensa, apaixonante, divertida em todas as idades?

Não quero esperar o tempo passar para ver a festa, chamada vida, terminar ou, pior, sair antes mesmo de ela se dar por encerrada. Fazer isso pode ter um preço alto: o de não viver. Isso me recorda a poetisa Cora Coralina, que teve seu primeiro livro publicado com quase 76 anos – ela morreu com 96 –, e de uma frase que li e cuja autoria é remetida a ela: "O que vale na vida não é o ponto de partida, e sim a caminhada." Cora Coralina, aliás, é só um exemplo entre tantos outros escritores que se dedicaram às palavras depois de... velhos, quando, normalmente ou socialmente, se espera que você se acomode em uma cadeira e conte os dias sentado numa poltrona.

Mas como envelhecer com plenitude, aproveitando o melhor da caminhada, como diria Cora Coralina? A socióloga, jornalista e escritora inglesa Anne Karpf é autora do ótimo *Como envelhecer* (Objetiva), que faz parte de uma coleção lançada pela The School of Life, e dá uma pista: para envelhecer bem é necessário falar sobre aquilo que mais nos apavora, enfrentar medos, barreiras dentro e fora da gente. E envelhecer e morrer (os dois juntos, nessa sequência) está entre os temas que mais nos amedrontam. No entanto, por mais irônico que pareça, se existe algo certo é que vamos envelhecer e morrer. É inevitável. O problema, segundo Anne, é que gastamos energia demais na luta contra a passagem do tempo, e que poderíamos dedicá-la a viver de uma forma mais plena. "Para um grande número de pessoas, envelhecer significa empobrecer, o que, por sua vez, impede os mais velhos de viver os prazeres e a plenitude da vida", escreve Karpf.

Então, nesta reportagem, não vamos falar sobre como barrar esses processos (não dá). Nem como chegar aos 70 como se tivesse 50. Ou dos métodos para que a passagem do tempo não seja avassaladora para o seu corpo – isso você encontra nas boas reportagens de saúde. O caminho pelo qual optamos aqui é como ser você – ou encontrar a sua melhor versão – em cada fase da vida. E, para isso, peço licença para usar um dos mais belos exemplos que li no livro de Anne Karpf: "O processo de envelhecimento é tão caricaturado e repudiado que as pessoas mais velhas costumam dizer, surpresas: 'Não me sinto velha, ainda me sinto como se tivesse 18 por dentro.' Elas ainda têm 18 anos por dentro – e 8, e 28, 38, 48 e 58: todas as idades anteriores não são extirpadas pela idade atual, e sim cobertas umas pelas outras, como anéis no tronco de uma árvore." Sim, somos como um tronco de uma árvore ou como um bolo em camadas, e todas as idades nos pertencem, fazem parte de nós, uma a uma.

Mas por que, afinal, temos tanto receio de ver a pele ficar flácida e os cabelos, brancos? Um desses fatores é cultural. E perpetuamos isso todos os dias. Quando se fala em alguém com 70, 80 anos, em geral usamos ícones relacionados a enfermidades: pessoas encurvadas, com olhar triste, solitárias, usando bengala. "As pessoas mais velhas costumam ser identificadas não pelas suas capacidades, mas pelas deficiências", explica Karpf. Para não ajudar, os artigos de revistas falam sobre "como ficar fabulosa aos 50". São textos que não nos desafiam, mas tentam apenas nos ensinar como maquiar ou encobrir os sinais da velhice.

A realidade é que a quantidade de pessoas com 80 ou mais só tende a aumentar – estamos vivendo mais. "Esses homens e mulheres passam a ser vistos como um fardo. E, pior, as pessoas não se enxergam como idosos, parece um futuro que não pertence a elas", continua Karpf. Como vamos lidar bem com o próprio envelhecimento se olhamos para isso com medo e sem admiração por quem já chegou a essa fase da vida? "O envelhecer é um processo que começa no nascimento, nunca cessa e sempre tem o potencial de enriquecer nossa vida", pontua Karpf.

Existem algumas maneiras de lidar com isso. Há projetos, espalhados pelo mundo, que mostram que a idade cronológica, muitas vezes, realmente não importa. Um deles é a Generations United, uma organização americana que estimula a colaboração entre gerações. A convivência pode ser um caminho lindo para reduzir as distâncias. Na prática, eles colocam idosos para conversar com jovens e crianças e, juntos, debaterem soluções para a comunidade. Magic Me, o mais importante organizador britânico de projetos internacionais, reúne meninos e meninas com mais de 8 anos com gente com mais de 60 para realizarem atividades criativas, como música, teatro, fotografia. A ideia é aproximar e fazer com que as pessoas percebam que têm muito a aprender e a ensinar o tempo todo.

O TEMPO NÃO PARA

Até o momento, a ciência ainda não descobriu como evitar que o corpo envelheça ou, se me permite, que o ciclo de vida se complete, num processo de amadurecimento que pode nos transformar em frutas maduras, tenras e doces ou em algo amargo e difícil de digerir. Todos temos esse poder de escolha. O que torna isso difícil é o fato de nossa sociedade supervalorizar a juventude – o que costuma ser mais perverso para quem vive em torno da aparência. Só que envelhecer não é só um processo fisiológico, é também psicológico, intelectual e cultural.

Há anos, a antropóloga Mirian Goldenberg se dedica a entender não apenas a velhice, mas a liberdade de poder ser aquilo que se deseja em qualquer idade. Seu último livro, *Velho é lindo!* (Civilização Brasileira), traz na capa um casal de idosos pelados, de braços para cima (numa expressão de contentamento). Sim, é uma provocação. "De biquíni ou de maiô, minissaia ou calça jeans, o que interessa é que somos cada vez mais livres para reinventar a nossa 'bela velhice'. E para mostrar aos velhos de hoje e aos de amanhã que 'velho está na moda'; mais ainda, que 'velho é lindo!'", escreve Goldenberg para, em seguida, citar a passagem de uma entrevista com a atriz Marieta Severo. "Vejo tanta gente preocupada em colocar botox na testa. Eu queria poder colocar botox no cérebro. Tenho verdadeiro pavor de perder a capacidade mental, é isso o que mais me assusta quando penso na velhice. Quero ser uma atriz velha com capacidade de decorar um texto, quero ser lúdica na vida e na família."

Existe um blog britânico muito bacana, chamado Look at Me! Images of Women and Ageing (Olhe para Mim! Imagens de Mulheres e do Envelhecer, em tradução livre). Entre outras coisas, ele contesta a imagem de mulheres mais velhas estereotipadas. Projetos assim ajudam a não propagar a ideia de que envelhecer é algo vergonhoso e que as paixões não diminuem com o tempo – idade nenhuma tira isso da gente. O tempo, na verdade, só ajuda a fortalecer a própria voz.

NUNCA É TARDE

A médica Ana Claudia Quintana Arantes é geriatra e especialista em cuidados paliativos, uma área da medicina que acompanha os últimos dias de uma pessoa. No dia a dia de trabalho, ela convive com pessoas mais velhas porque tem a ver com sua especialidade médica. Mas, na rotina fora do consultório, ela também tem entre as melhores amigas mulheres de 70, 80 anos. "Há pessoas que não têm idade. Elas não se comportam conforme o tempo cronológico. Não porque não se aceitam, mas porque estão acima da cronologia. É espiritual e está além do tempo. São pessoas que se relacionam com crianças, jovens, adultos e mantêm com todos um nível de sintonia igual. Elas entram em contato com a essência delas mesmas e com isso tiram de nós o melhor que podemos dar."

Só que nem todo mundo consegue enxergar a vida dessa perspectiva e, com o passar dos anos, vai se transformando em fruta azeda. "Quem envelhece mal só encontra o que há de ruim nesse processo. Essas pessoas, em geral, se distraem para evitar o contato com o envelhecimento: não querem ver rugas na cara, gordurinha na barriga, dores nas costas. Elas não querem se encontrar com a realidade cronológica", acredita Ana. Mas por quê? "Porque não tiveram a oportunidade de encontrar com a realidade existencial que a cronologia deu. O tempo dá a possibilidade de construir, reconstruir, de se descobrir, descobrir o outro, rever posturas. E então você não consegue ficar frente a frente com o tempo, você quer ficar naquele tempo em que achava que tinha chance. Você tem 30 e quer ter cara de 18. E o que as pessoas não entendem é que não é o fato de você parecer menos que vai fazer viver mais", acrescenta a médica que acaba de lançar uma obra essencial para o bem-viver, *A morte é um dia que vale a pena viver* (Casa da Palavra).

DEIXAR IR

Entender a passagem do tempo também tem relação com o desapego. Para Anne Karpf, as pessoas que envelhecem melhor são aquelas que carregam menos coisas ao longo da jornada. Isso significa ter a capacidade de se livrar de ideias, conceitos, verdades. "É necessário certa flexibilidade de espírito. Só que desapegar-se de velhas narrativas pode ser extremamente doloroso; envolve luto pelo que nunca aconteceu assim como pelo que aconteceu, e admitir fracassos, pontos de vista errados. Exige que reconheçamos que não controlamos o desenrolar da vida", diz.

Não é só isso, claro. Conforme os anos se adentram, as perdas são inevitáveis. Amigos, pessoas queridas. Daí um ponto importante: saber se reinventar, descobrir delicadezas na trajetória mesmo diante das adversidades e manter o olhar curioso.

"Vai ser bem legal você experimentar." Foi com essa frase e desse jeitinho que a médica Ana Claudia conseguiu convencer um paciente, um senhor de 84 anos, a fazer terapia. "Ele dizia que não tinha tempo para isso, e eu o convenci que esse, então, era o melhor momento. Se o tempo dele estava acabando, por que não conhecer algo novo? Ele foi. Que alma incrível é essa que se disponibiliza a aprender algo novo? Isso rejuvenesce", acredita. Tem gente que busca isso se reinventando sempre e construindo muitas vidas dentro da mesma vida. Isso depende muito de nós mesmos, claro. E também de disposição e vontade. Mas, principalmente, das relações que estabelecemos por aí. São elas que vão nos guiar sempre.

Uma pesquisa feita pela farmacêutica Abbot perguntou a mais de 5 milhões de homens e mulheres, ao redor do mundo, o que era para cada um deles viver ao máximo.

Bom, para 94% envelhecer de modo saudável é muito importante na jornada. E como conseguir isso? Conforme me explicou o diretor de marketing corporativo da empresa, Marcos Leal, a chave, para boa parte das pessoas, está nas relações, como o convívio com a família (60% das pessoas responderam isso) e nas relações afetivas (57%). E precisamos encontrar maneiras diversas de fazer isso. No livro *O clube do livro do fim da vida* (Objetiva), o jornalista americano Will Schwalbe conta sobre os últimos meses da mãe. Ela estava com câncer e fazendo quimioterapia. Havia sido uma mulher intensa, viajou, criou bibliotecas em lugares improváveis, e esperar a morte chegar não combinava com ela. Então ela e Will criaram um clube do livro de duas pessoas e, ao longo da quimio, comentavam sobre as obras e, algumas vezes, sobre a vida. Dessa forma, ele e a mãe encontraram a maneira de ela se despedir da vida de um jeito não muito diferente de quem foi durante todo o caminho: intensa, cheia de paixões e com vontade de aprender sempre. Envelhecer não se trata, de novo, de colecionar rugas, mas experiências, o que é bem bacana.

QUANDO O CAMINHO FICA DIFÍCIL

Um envelhecer cheio de significado e aprendizados é incrível, mas o que fazer quando uma doença incapacitante bate à porta? (Todos estamos sujeitos a isso.) Talvez a velhice agora não tenha tanta beleza. Ledo engano. Novamente, tudo é uma questão de olhar. O médico e filósofo Antônio Pessanha Henriques Júnior administra um grupo no Facebook chamado Educação para a Morte, e conversei com ele sobre o que fazer quando, apesar do cultivo de um bom envelhecimento, você dá de cara com uma doença degenerativa ou uma demência. Pessanha me respondeu com uma reflexão: "O bem viver e o bem envelhecer passam, obrigatoriamente, em buscar relações honestas, e isso não é um quesito quantitativo, mas qualitativo. Se tudo correr bem, vamos morrer no final. Muitas doenças em nossa trajetória podem ser previsíveis e evitáveis, outras não. Aceitá-las pode ser um grande exercício e, se você construir boas relações, seremos pessoas boas para cuidar." Viu? Olha as relações novamente aí.

O estudante de psicologia Bruno Camargo costuma dizer que acompanha o envelhecer dos pais desde sempre – quando ele nasceu, a mãe já tinha mais de 40. Hoje, ela tem 68 anos e a memória falha todos os dias. Dona Isa tem Alzheimer. Para falar sobre o dia a dia da mãe e para preservar a memória de quem ela foi por boa parte da vida, Bruno criou uma página no Facebook chamada Dona Isa, Histórias para Compartilhar. "Com a doença da minha mãe aprendi que não existem só os momentos tristes; existem, sim, muitos momentos felizes de recordação, conquista e prazer em descobrir algo novo. Tudo vai depender de como olhamos e vivemos esses momentos. Hoje vejo que cuidar, fazer o dia dela ser um pouco melhor e menos confuso, e compartilhar toda essa experiência com os outros me ajuda a colocar a cabeça no travesseiro, à noite, e ter a certeza de que, de alguma forma, tenho ajudado muita gente a ter um pouco mais de luz, esperança e amor." É isso, Bruno, envelhecer é também – e finalmente – uma lição de amor com o outro e com a gente mesmo.

O tempo, afinal, não rouba a nossa essência, aquilo que fomos, as pessoas com quem nos relacionamos, o que construímos, destruímos, os adeuses que tivemos de dar, as lágrimas que deixamos cair (de alegria ou tristeza), os filhos que tivemos – ou não –, os casamentos, ilusões, sonhos. Tudo isso faz parte de cada um de nós, da nossa história, do nosso ciclo de vida. Permanecemos nós mesmos, só que mais velhos. Em vez de brigar, esconder a qualquer preço as marcas do tempo, abrace-as, aceite, comemore. Essa é a beleza maior de viver, aproveitando a festa até o último minuto.

["Como envelhecer", Ana Holanda,
Vida Simples, novembro de 2016]

Exercício sugerido

Escolha um termo ou expressão que faz, de alguma maneira, parte do seu universo. Pode ser *trabalho artesanal, economia criativa, economia sustentável, mulheres em situação de risco, empoderamento feminino, gratidão, trabalho com propósito, economia sistêmica, transformador, acolhimento, disruptivo,* não importa. Escreva, então, um texto (independentemente do tamanho) em que o tema central seja a expressão, palavra ou termo escolhido por você. O desafio será você contar a história, escrever esta narrativa, sem citá-la. Isso lhe dará incentivo para explicar algo, para entrar nas histórias e em suas camadas, sem se apoiar ou se esconder por trás das palavras. Comece.

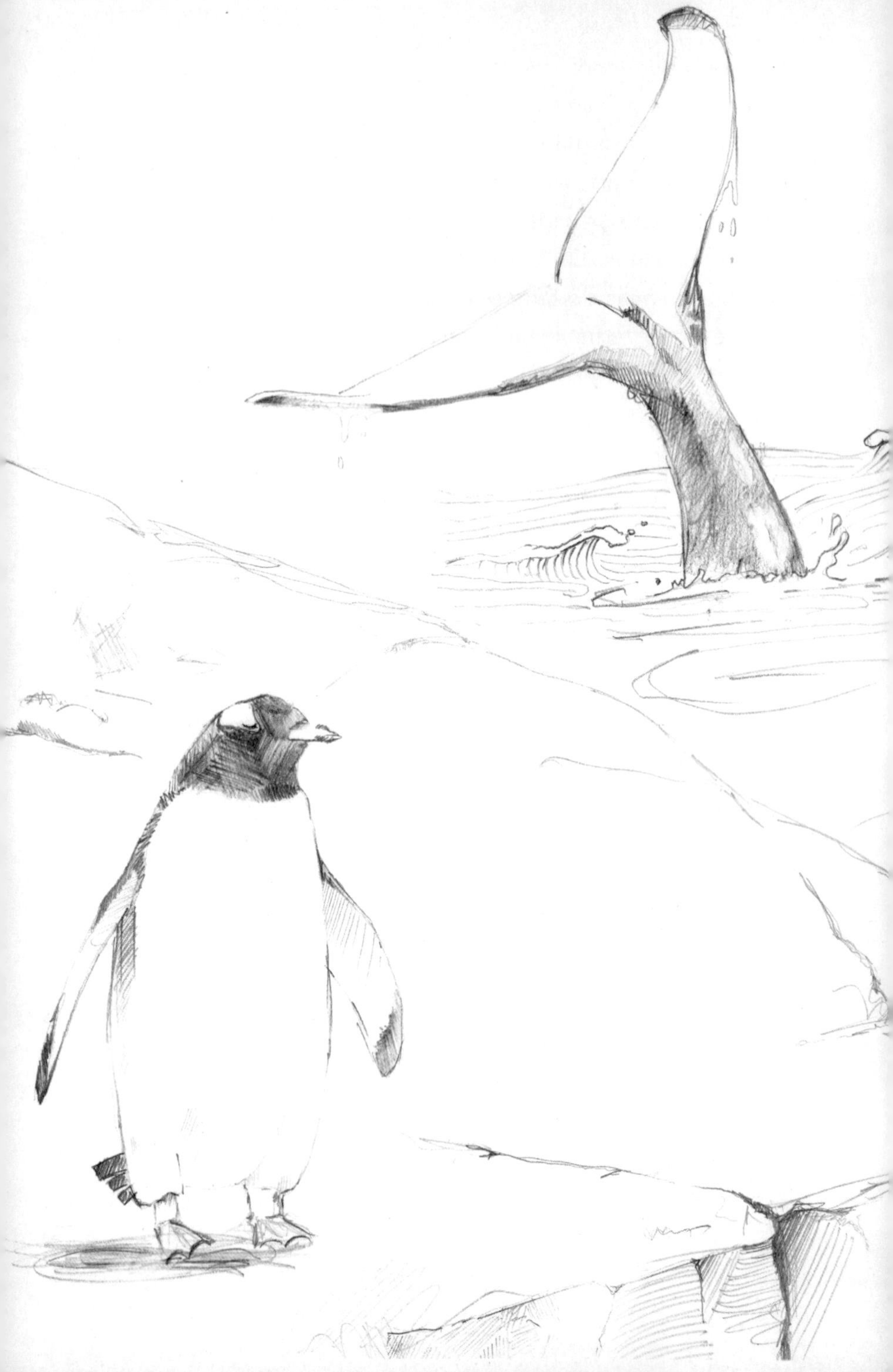

6. PARA APROXIMAR SEMPRE

Muitas vezes, sem perceber,
nos colocamos na posição de quem não escolhe
um caminho ditado por si mesmo, mas pelo outro.
Com a escrita acontece igualzinho.

"Quando li o texto, sabia que havia sido escrito por você." É bem comum eu ouvir este tipo de comentário. Isso não quer dizer que eu seja especial. Penso que cada um tem sua maneira particular de ver as coisas. Um filtro individual, que precisamos valorizar sempre. É através dele que vemos o mundo, percebemos, sentimos as coisas. Por que não olhar para ele quando o tema é a escrita? De novo, escrever não é apenas técnica, é parte integrante de você. E isso está relacionado com as suas histórias, o que você viveu até aqui, as pessoas com quem se relacionou, suas dores, anseios, sonhos. Tudo isso é essencial para a composição de um texto, seja lá de que natureza for. Existe você em tudo. Isso vale para qualquer tipo de escrita e de tema. De um poema aos textos acadêmicos.

Me recordo de uma aluna que estava vivendo uma baita crise porque não conseguia finalizar sua tese acadêmica. Ela sentia, mas diziam que não deveria haver sentimento, que aquilo não cabia na linguagem acadêmica. Mas ela seguia acreditando que as coisas não podiam estar dissociadas. Escrever sobre um tema que lhe era tão especial, que tinha sido uma escolha dela, não poderia ser colocado dentro de uma caixa rígida ou de uma linguagem dura. A questão dos textos acadêmicos, aliás, é algo que ouço constantemente. Muitos alunos se queixam de que se sentem vestindo uma armadura para conseguir escrever e que, ao fazer isso, o texto perde parte da identidade do autor. Tem aqueles que insistem em se manter com os dois pés no texto afetuoso. E muitos deles acabam ouvindo críticas em relação ao tom da linguagem: poética ou sensível demais. Mas eles não se deixam abater e seguem em frente, porque percebem que não é possível mascarar a escrita. Que bom.

Tive uma aluna, jornalista, que escrevia para a área de agronegócios e não gostava. Sempre me surpreende gente que não consegue ver cor naquilo que faz. Me parece um tempo grande demais desperdiçado com algo que não lhe preenche. Mas nem sempre o carrasco é o trabalho. Às vezes, a gente mesmo se coloca nessa posição quando não abre nossa janela para perceber o quanto o horizonte é amplo. No caso da escrita, não percebemos que as escolhas de caminho também dependem muito de nós. Comparo isso a uma grande mesa cheia de pratos com comidas variadas. Você pode escolher o peixe, a carne assada, cozida, frita, ou até não comer carne alguma e optar apenas pelos vegetais. E pode ir até a mesa e se servir, na quantidade que deseja, naquilo que sua vontade está lhe apontando naquele dia, naquele momento. Ou, ainda, alguém pode ir lá e servi-lo e lhe entregar um prato pronto para que você saboreie, a partir de decisões que, definitivamente, não foram suas. Muitas vezes, sem perceber, nos colocamos nessa posição de quem não escolhe um caminho ditado por si mesmo, mas pelo outro. Com a escrita acontece igualzinho.

Voltando a minha aluna jornalista, na época em que ela me contou isso, fiz questão de pesquisar textos sobre agronegócios mais sensíveis e enviei a ela um de que gosto demais. Era uma reportagem publicada em 2012, na *Folha de S.Paulo*, mas da qual me recordo até hoje – e essa capacidade de se lembrar de algo tantos anos depois é, definitivamente, escrita afetuosa. O texto falava sobre neozelandeses que estavam produzindo leite de alta qualidade na Bahia. A repórter contava sobre sua viagem até o lugar, tudo que viu, viveu e percebeu na fazenda. E, em especial, da relação das pessoas com os animais. Para minha surpresa – e felicidade –, essa aluna, tempos depois de ter feito o curso de escrita, me escreveu para dizer que, finalmente, tinha conseguido elaborar um texto de agronegócios em escrita afetuosa. Ela contou que abordou novo cultivo no sul do país, mas não se ateve apenas aos números ou às especificidades daquilo. Ela desenvolveu o texto a partir das histórias das pessoas do lugar. O resultado a tinha agradado demais. O mesmo não aconteceu com a chefe dela, que, ao receber um texto "diferente", tratou de enquadrá-lo novamente nos padrões, na caixa, do lugar de sempre para, assim, não causar qualquer tipo de estranheza. Eu disse a minha aluna que sentia muito pelo que tinha acontecido. Nem todas as pessoas estão preparadas para sair do padrão, para enxergar além do que lhes é oferecido – e isso não é uma crítica, apenas uma constatação. Ela me respondeu que não havia ficado chateada. O resultado que conseguiu era algo que havia nascido dentro dela, e essa conquista ninguém pode tirar, independentemente do chefe do momento, da empresa, do lugar onde se esteja. Essa é a graça de perceber que está tudo dentro de você e segue sempre assim. Não depende da política do lugar onde você trabalha, do cargo, do humor, do tempo. Porque é você sempre, sendo você, sentindo, vivendo. E, neste instante, a sua produção não depende só do que vem de fora, mas de maneira muito intensa daquilo que vem de dentro.

Rede de afetos

Até mesmo as produções literárias passam pelo processo de escolhas e caminhos a partir do filtro de cada um. São poucos os autores que falam sobre seus processos criativos. O escritor Stephen King, em seu *Sobre a escrita* (Suma de Letras), se propôs a falar sobre como compõe suas narrativas, de onde surgem as ideias, como constrói os enredos. Para mim, foi incrível ver King falar sobre a infância, o garoto que foi, a família onde cresceu e como tudo isso influenciou sua obra. Segundo ele, o enredo é o último recurso do bom escritor e a primeira escolha do idiota. King acredita que a história advinda do enredo está propensa a ser artificial e dura. E admite que se apoia na intuição para compor suas obras. Mais do que isso, ele revela que seus livros se baseiam em situações mais do que em histórias, e que algumas das ideias que produziram livros são mais complexas que outras, mas a maioria começa com uma simples vitrine de uma loja de departamentos ou uma estátua de cera.

O japonês Harumi Murakami, autor de várias obras consagradas, também escreveu um livro sobre ela, a escrita: *Romancista como vocação* (Alfaguara). Nesta obra ele revela como nasceram alguns de seus livros, o que acha da crítica e dos prêmios literários e como as palavras brotam dentro dele. Entender que tudo nasce dentro da gente – de romances a reportagens jornalísticas ou textos para um blog – é a descoberta mais intensa e profunda que podemos vivenciar. Murakami começou a escrever já próximo dos 30 anos. Era dono de um bar onde algumas bandas de jazz se apresentavam, em Tóquio. A vida era dura, o dinheiro, curto. E foi nesta época que a vontade de escrever se agigantou. E ele não parou mais. "Nunca me vi em apuros sem conseguir escrever (felizmente). Na verdade, acho que não tem sentido escrever se esse ato não for agradável. Não consigo entender que escrever romances seja um sofrimento. Acho que romances devem ser escritos com facilidade, como se brotassem, naturalmente", escreve. "Ao longo da vida e com maturidade, e depois de muitas tentativas e erros, encontrei, a custo, a minha própria maneira. Trollope e Kafka também encontraram, cada qual, a sua maneira. Eu gostaria que você também encontrasse a sua. Tanto no aspecto físico como no espiritual, as circunstâncias são diferentes para cada um. Creio que cada indivíduo tem a própria teoria. Se o meu modo de viver servir como referência, por pouco que seja, ficarei muito feliz", escreve Murakami. Encontrar, afinal, a própria voz é o que há de mais definitivo quando se trata da escrita, seja ela qual for (e eu vou insistir muito nisso). E isso vem de dentro da gente e da vida (e eu também vou seguir insistindo nisso).

Uma das conversas mais profundas que tive sobre esse lugar onde a escrita nasce foi com o premiado escritor brasileiro João Anzanello Carrascoza. A entrevista completa foi publicada na revista *Vida Simples*, em junho de 2017. "Várias pessoas podem ler o mesmo fato, sentir de maneiras diversas e relatar de modos diferentes. Porque cada um tem a sua maneira de sentir, pode ser mais ou menos afetado por aquele fato. Isso tem a ver com a sensibilidade diante das coisas. Você faz a sua leitura do mundo e, à medida que você lê o mundo, está o escrevendo em si. Depois de ouvir as histórias do meu pai, por exemplo, eu relatava aos amigos da escola de outro jeito. Com 12, comecei a escrever poesia, frequentava a biblioteca da cidade para ler poemas porque a escrita do sentimento me interessava. Não era só o factual. Com 16, sentia que podia também contar as minhas histórias e passei a escrever os primeiros contos, que eram contaminados com o olhar lírico da poesia", disse. "A literatura é uma espécie de rede de afetos, formada pelas famílias literárias. Se você lê um autor e ele te toca é porque você entra em comunhão com aquele tipo de literatura. Existem outros autores e outros leitores que não entrarão por essa trilha. De certa forma, você está filiado àquele jeito de sentir. É como se você fosse daquela árvore. Isso é uma rede de afetos ou uma família literária da qual fazem parte escritores e leitores", acredita. Então, posso também concluir, que se você está lendo este livro e se reconhecendo em minhas palavras é porque, de alguma maneira, pertencemos à mesma árvore e formamos, entre nós, uma rede de afetos. Bem-vindo. É bom te ver por aqui.

Todos os textos abraçam

Todos os textos deveriam promover, de alguma forma, essa rede de afetos, conforme defende Carrascoza. Eu acredito nisso. Acredito que a natureza de um texto, de fato, não importa. O que vai fazer a real diferença é o quanto de seu autor existe nas palavras colocadas ali. Pode ser texto policial, de economia, de política, de esportes. Existem caminhos diversos para se contar uma mesma história. E quem escolhe é sempre você. Em geral, são textos que, quando lidos, são seguidos de comentários sobre o olhar sensível de quem escreve. Mas o que seria exatamente esse "olhar sensível"? É a capacidade de enxergar histórias onde os outros só veem o cotidiano maçante, o aborrecido, o mais do mesmo. Já li textos de jornalismo policial, esportivo, economia – e esses são temas com os quais eu não tenho afinidade – que me emocionaram, tocaram minha alma.

Em geral, as pessoas acreditam que é impossível escrever afetuosamente, com delicadeza e encontro, sobre chacina, por exemplo. Não, não é. Tudo depende da capacidade de quem o escreve de enxergar as histórias. O jornalista carioca Caio Barretto Briso faz isso muito bem. Seus textos se enquadrariam na categoria que as pessoas chamam de autoral. Para mim, Caio é pessoa que sabe ver, perceber, identificar os caminhos para trilhar pela história. Um texto sobre chacina, pelo seu olhar, não explora a rajada de tiros, mas as pessoas que o recebem. Conforme ele constrói a narrativa, você começa a se aproximar de uma rotina e de gente que não faz parte do seu cotidiano. Você pode não morar no morro, numa favela, pode não viver essa realidade, mas ela o encontra, entra na sala da sua casa e você percebe como iguais as pessoas envolvidas nisso. A igualdade por meio das palavras. Caio tem muitos textos assim publicados no jornal *O Globo*. Ele escreve sobre uma realidade dura, de perdas, de violência, mas também de esperança. A construção do texto vai causando isso em quem lê. Esse texto, a seguir, é assim. Joselita vai nascendo e morrendo. Ela é mãe de um dos meninos mortos em uma chacina. Provavelmente eu não leria um texto assim, porque eu quero me manter distante disso. Ou eu iria ler e me impressionar com a quantidade de tiros com os quais os garotos foram mortos. E seguiria com a minha vida, segundos depois de já ter esquecido qualquer informação relativa ao texto. Isso não acontece na reportagem de Caio. Você se encontra com Joselita, a reconhece, tem vontade de abraçá-la, se sensibiliza com a dor e segue com a sua vida de um modo diferente: a história de Joselita lhe pertence, porque as palavras do texto de Caio agora também habitam em você.

Não escreveram "tristeza" na certidão de óbito, mas para familiares de Joselita de Souza, mãe do menino Roberto, um dos cinco amigos assassinados por PMs na chacina de Costa Barros, essa é a causa de sua morte. Foi quinta-feira, no posto médico de Vilar dos Teles, em São João de Meriti, cidade onde nasceu. Chegou três dias antes à unidade de saúde com parada cardiorrespiratória, antes de descobrir um quadro de pneumonia e anemia. Já não se alimentava bem há quatro meses – só tomava sopa. Havia poucas pessoas no enterro, ontem à tarde, no cemitério de Vila Rosali. Seu ex-marido, pai de Betinho, estava lá.

– Ela era tão alegre, positiva, mas não aguentou a perda do Betinho. Mudou radicalmente. Era o nosso caçula – conta Jorge Roberto da Penha. – Não conseguiu ir à última audiência, segunda-feira, porque estava mal. Na audiência anterior, em abril, já não estava nada bem. Foi a depressão.

Joselita nunca teve problemas de saúde, conta o ex-marido, com quem viveu mais de 15 anos. Quando Jorge era oficial de manutenção na Universidade Iguaçu (Unig), na Baixada Fluminense, conseguiu para ela uma bolsa de 100%. Enquanto ele estudava direito, Joselita passou no vestibular de administração, e os dois se formaram. Trabalhou uma década como fiscal do velho supermercado Sendas, até abrir seu próprio negócio: um salão de beleza. Era o talento falando mais alto.

Betinho morou com a mãe até os 10 anos, em Vilar dos Teles, depois mudou-se para a casa do pai, em Costa Barros. Mas os dois se falavam diariamente. Quando sua carteira de trabalho ficou pronta, foi visitá-la no dia seguinte. Ao ganhar o primeiro salário de Jovem Aprendiz, ligou para ela e prometeu que lhe compraria um presente.

Foi por causa do primeiro salário, em novembro de 2015, que ele e seus quatro amigos saíram para comemorar, passando o sábado inteiro no Parque de Madureira. À noite, após saírem de uma lanchonete, no caminho de casa, o Palio branco em que estavam recebeu de quatro PMs nada menos que 111 tiros, sendo 80 de fuzil.

Os policiais respondem em liberdade desde que o ministro Nefi Cordeiro, do Superior Tribunal de Justiça, concedeu a eles *habeas corpus*, em 16 de junho, justificando que o juiz que havia autorizado o pedido de prisão temporária não fundamentou sua decisão – o documento, assinado num plantão de fim de semana, tinha uma lauda e meia.

Vendo a dor solitária da mãe, que morava sozinha na Abolição, Vinicius de Souza Penha, de 22 anos, irmão de Betinho, a levou para perto dele, em São João de Meriti. Os últimos dois meses de Joselita foram ao lado do filho mais velho.

– Minha mãe era animadora de festa, se fantasiava de palhaça, botava maquiagem e ficava linda. Era uma pessoa extraordinária, alegria era com ela. A gente desfilou no carnaval da Intendente Magalhães há dois anos. Era cabeleireira de mão cheia, virou empresária. Fazia artesanato, costurava roupa. Não tenho nem como explicar – diz Vinicius. – No meu aniversário, dia 24 de maio, ela comprou carne, fizemos um churrasco em casa. Mas ela não comeu nem bebeu nada. Ela se entregou.

Nas últimas semanas, com a soltura dos policiais – que disseram na última audiência, dia 4 de julho, não terem dado sequer um disparo contra o carro –, a mãe se abateu ainda mais. Já estava perdendo a esperança de justiça quando soube que os policiais não apenas continuam na corporação como estão trabalhando em funções administrativas, segundo a PM. O processo interno que pode culminar com a expulsão deles caminha a passos lentos, enquanto o julgamento na justiça comum deve ser no segundo semestre.

(...)

Em sua página no Facebook, a mãe sorri em todas as fotos anteriores ao assassinato de Betinho e seus amigos, sempre tão unidos, juntos até na morte. São recordações de rodas de samba, festas em família, momentos com os filhos. As imagens mostram uma mulher jovem, cheia de vida, que ia de manhã à academia e, depois, ao trabalho. Na quarta-feira, véspera da morte, Vinicius conversou francamente com a mãe. Falaram de Betinho. O mais velho lhe disse que ela poderia ter escolhido viver. Joselita chorou. Tinha 44 anos.

["O adeus de Joselita, mãe de menino morto em Costa Barros", Caio Barretto Briso, *O Globo*, julho de 2016]

Fofão da Augusta

Era outubro de 2017, um feriado, eu acho. Começo a perceber que vários amigos estão compartilhando no Facebook um texto sobre um tal Fofão da Augusta. Muitos comentavam que o texto era longo, mas que valia a leitura pela sensibilidade e profundidade da história. Dias depois, criei coragem e comecei a ler, enquanto tomava um café e fazia hora antes de pegar meus filhos na escola. Eu tinha uns 15 minutos de intervalo e acreditei que seriam suficientes. Não foram. Me atrasei para pegar as crianças e mesmo assim não consegui terminá-lo. Sim, é longo, muito longo. Mas o tamanho não interessa. Quer dizer, você não percebe que está há extensos 30 minutos lendo uma reportagem. O envolvimento é tamanho que você nem percebe o tempo passar. E este é outro ponto de que eu também gostaria de falar. Muita gente acredita que textos online precisam ser curtos – a saber, este foi originalmente publicado em um canal online, o BuzzFeed. Quando não são, as pessoas costumam até alertar sobre o "textão" a seguir. Texto é texto. O tamanho, muitas vezes, é um detalhe. Há situações em que você precisa de mais tempo, respiro, palavras e espaços para contar algo. E tudo bem. Se a escrita é boa, ela lhe dá a mão e vocês seguem juntos. Se não é, aí você perde o leitor, sempre. Mas não culpe a quantidade de palavras por isso. Este não é o problema. Tem texto curto que afoga, entorpece, marca. O envolvimento com o texto é o que define.

O texto do Fofão da Augusta pega o leitor pela mão, o leva pelas palavras para um universo ao qual você provavelmente também não iria, o das figuras desconhecidas que transitam pela cidade. O Fofão era pessoa conhecida na rua Augusta, região central da cidade de São Paulo. Ele ganhou esse apelido por bochechas proeminentes, resultado de anos de silicone líquido injetado. O leitor vai sabendo desse e de outros acontecimentos na vida de Ricardo Corrêa da Silva – esse é seu nome – ao longo da narrativa. O autor, Chico Felitti, vai revelando as histórias aos poucos, como na vida. O texto começa pelo interesse de Chico por Fofão, por saber quem é aquele homem, que histórias ele traz. O leitor vai descobrindo que Ricardo é cabeleireiro, está internado como indigente no Hospital das Clínicas, vive sozinho e é solitário. A descoberta da família de Ricardo e os motivos pelos quais sua saúde está tão deteriorada são algumas das descobertas que também vêm a seguir. Muita gente classificaria o texto como jornalismo literário, sua publicação poderia até caber entre as notícias cotidianas de qualquer meio de comunicação. Mas eu prefiro dizer que Chico é pessoa que sabe enxergar, que se interessa verdadeiramente pelo outro. E isso deveria caber em qualquer escrita. No caso dele, o interesse pelo outro se misturou à sensibilidade de perceber ali alguém que precisava de amparo, de uma mão, uma ajuda. Ricardo não era apenas o personagem de uma história triste, mas uma pessoa. Foi o jornalista que descobriu, por exemplo, a identidade dele. E resgatou algo que nos é tão caro: um nome, uma existência. A seguir um breve trecho do texto, que é longo e vale a leitura demorada, além das páginas desse livro.

O começo da vida de Ricardo Corrêa da Silva foi em 9 de dezembro de 1957, na casa de número 3 da rua São Bento, em Araraquara, no interior de São Paulo. É o que descubro quando abro o envelope e me deparo com a certidão de nascimento que chegou pelo correio. O documento que faltava para o paciente Desconhecido ganhar um nome no Hospital das Clínicas.

No dia seguinte, vamos para o hospital ao meio-dia, antes do horário de visita, que começa às duas da tarde. De novo para a fila de pessoas que visitam desconhecidos no Hospital das Clínicas. Espero que uma última vez. Fazemos o zigue-zague em câmera lenta da fila de pessoas que estão lá para visitar desconhecidos e recém-nascidos ainda sem nome.

A assistente social nos recebe. Sorri ao ver a certidão, diz que o documento vai ser suficiente para registrar Ricardo e pede que a gente vá até o setor de registros, no quarto andar. No setor de registros, funcionários dizem que o registro dele não pode ser feito ali. Passamos por três setores diferentes até terminar no pronto-socorro. Faz dez anos que a emergência do Hospital das Clínicas é referenciada. Ou seja, não tem uma porta aberta para atender quem está doente. Só aceita casos mais graves encaminhados de Unidades Básicas de Saúde ou de outros hospitais. Ainda assim, há dezenas de pessoas deitadas em leitos na sala que dá acesso ao hospital. Há um zunido constante de aparelhos funcionando e um murmúrio de pessoas doentes falando baixinho.

Foi nesse pronto-socorro que Ricardo deu entrada, dois meses antes. O atendente atrás do balcão pega a cópia da certidão de nascimento. Volta com o registro de Ricardo. Depois de duas horas andando para lá e para cá, subimos com uma nova ficha de registro do paciente, para ser entregue à enfermagem. E com oito pulseiras de plástico, em que o nome de Ricardo está escrito. Chegamos ao quarto. Uma enfermeira corta com uma tesoura sem ponta a pulseira em que estava escrito DESCONHECIDO, no pulso de Ricardo, e coloca no lugar uma com seu nome completo. O quadro de pacientes no corredor também passa a mostrar seu nome completo. Ricardo Corrêa da Silva não é mais um desconhecido. Ao menos não para o Hospital das Clínicas.

Voltamos ao hospital mais duas vezes depois que Ricardo é identificado. Ele está cada vez mais calmo. Conversamos sobre como ele se sente depois de ter deixado de ser um desconhecido lá dentro: "Eu não sou desconhecido. Eu sou muito popular. Eles fazem isso porque querem dispor de mim." Pergunto se ele conhece o apelido que ganhou na cidade. "Me chamam de Fofão, né? Fofão da Augusta. Quem me chama disso não me conhece, eu sou muito mais que o Fofão da Augusta."

["Fofão da Augusta? Quem me chama assim não me conhece", Chico Felitti, BuzzFeed, outubro de 2017]

Alguns meses depois, Chico publicou um novo texto em sua página pessoal do Facebook intitulado "Ricardo Morreu". Antes do texto em si, ele conta como ficou sabendo da notícia e como foram os últimos dias de Ricardo: "O Ricardo morreu. Como notícia ruim viaja a jato, fico sabendo minutos depois, no meio da madrugada, mesmo a 10 mil quilômetros do Hospital do Mandaqui, onde ele estava internado. Fico com a responsabilidade doída de contar para a família e para o amor da vida dele, que ele reencontrou nos últimos dias de vida. Tento não chorar ao telefone. Depois de falhar três vezes, paro de tentar. Dada a notícia, acaba a responsabilidade e fica só um vazio. E uma honra por ter conhecido esse homem nos últimos anos. Uma honra que não é profissional, mas muito humana, e é por isso que publico aqui esse texto que me desceu na madrugada em que eu soube da sua morte."

Nos primeiros dias de dezembro, Ricardo é transferido para a ala de psiquiatria do complexo hospitalar. Lá, ele não está mais amarrado. Circula livremente, vê televisão, conversa com outros pacientes.

Um dia após o aniversário de 60 anos de Ricardo, Isabel vai visitá-lo [a escritora Isabel Dias, mãe de Chico, a quem Ricardo apelidou de Jane Fonda]. Leva pão com manteiga Aviação, o que ele tinha pedido de presente, e um livro de Carlos Drummond de Andrade. Levou também uma bandeja das bolachas de mel decoradas com glacê, iguais às que deu de presente no dia de Páscoa, quando os dois se conheceram — mas dessa vez os biscoitos têm formatos de rena, de árvore de Natal e de Papai Noel.

A recepção não permite que ela entre com a comida na ala psiquiátrica. Ricardo está lendo a Bíblia quando eles se veem. Ela conta: "Quando ele me vê, me abraça e diz 'Jane Fonda, você não me abandonou'. Eu o abraço e digo que sinto muito por não ter conseguido vir abraçá-lo ontem." Ele aceita o livro como presente: "É minha agenda, vou anotar todos os meus compromissos."

Passada uma hora, Isabel precisa ir embora. "Me desculpo e digo que tenho que ir trabalhar. Ele se aproxima, encostando a testa na minha, e me chama de 'mamãe', e pede que eu fique mais um pouco."

Cinco dias depois, Isabel recebe uma ligação da assistente social do Hospital do Mandaqui. Ela diz que precisa de mais informações sobre Ricardo, que tecnicamente ainda é um desconhecido para o hospital, por mais que todos saibam quem ele é. As duas marcam de se encontrar na manhã da segunda-feira, 18 de dezembro.

O encontro nunca acontece. Na tarde do dia 15 de dezembro, uma sexta-feira, Ricardo Corrêa da Silva sofreu uma parada cardíaca, seis dias após completar 60 anos. Os médicos não conseguiram reanimá-lo, e uma necrópsia será feita para tentar apontar a causa exata da morte.

Seu corpo deve ser cremado e depositado junto às cinzas dos seus pais, em Araraquara. O hospital não tinha nenhum documento de identificação de Ricardo, mas toda equipe sabia o seu nome, pelo qual foi chamado até o fim.

[Chico Felitti, publicação em sua página
pessoal do Facebook, dezembro de 2017]

Um texto, para mim, não faz sentido se não transformar, tocar, conversar com as pessoas. E Chico Felitti consegue fazer isso com uma delicadeza enorme. Ele chega no outro e, ao mesmo tempo em que se transforma, faz o mesmo com o mundo ao redor. Esse tipo de relação com a palavra, com a escrita, é sempre, sempre possível.

Textos corporativos

Não preciso nem dizer que se todo e qualquer texto pode – e deve – afetar o outro, ele cabe também na linguagem corporativa, seja nos textos de comunicação interna ou com pessoas de fora da organização. Mas como fazer um texto mais autoral ou visceral dentro de um ambiente em que, acreditamos, precisamos ser mais sérios e profissionais? A primeira coisa a levar em conta é que, mais uma vez, existe uma confusão bem grande entre racionalidade e emoções. Conforme explica a *coach* e professora da The School of Life, Mônica Barroso: "Vivemos a era da consciência, do propósito, em que, mais do que habilidades e conhecimentos técnicos, o mercado de trabalho busca os profissionais com inteligência emocional. E isso se expressa em criatividade, em empatia e na capacidade de dar sentido e significado a produtos e serviços. Essa é a tônica dos tempos atuais, não só na esfera profissional mas na vida que levamos todos os dias", escreve Mônica no texto "Como ter um trabalho com mais significado", revista *Vida Simples*, em março de 2017.

Um primeiro exercício é parar de classificar homens e mulheres como *colaboradores*. E passar a enxergá-los como pessoas, que pensam, sonham, têm histórias para contar, ideias para dividir. Fazer isso, claro, não é fácil. Um dos primeiros exercícios que costumo propor quando vou dar cursos de escrita afetuosa dentro de empresas é pedir que as pessoas deixem, pelo tempo que estamos ali, os conceitos prontos que carregam no dia a dia. Na verdade, para colocar em prática este olhar mais próximo, sensível, muitas vezes é necessário deixar o cargo na porta de entrada. E participar do treinamento mais com o coração e menos com a cabeça.

Toda vez que vou dar um treinamento assim, sinto meu estômago revirar pelo medo inicial: como vão receber minhas ideias? Como vão encarar uma escrita mais emocional, que olha, entrega, se abre para o mundo ao invés de fechar em caixas ou em muitas regras? O que vejo, ao longo da aula, é um desabrochar. Já recebi cartas, depois disso, entregues em tom de confidência ou um "muito obrigado pela oportunidade". Tem gente que se aproxima para perguntar se pode mesmo escrever daquele jeito? Sim! Os textos precisam encontrar o outro. Baita perda de tempo é não fazer dessa forma. Já tive aluno se surpreendendo ao saber que a "carta do presidente" não era feita por ele. Já ouvi da gerente de comunicação: "Estamos deixando de contar muitas histórias." Estão.

Teve um grupo de alunos que me tocou demais. A empresa, grande e do setor de celulose, me chamou para um treinamento da equipe de comunicação. A proposta era sensibilizar o olhar, ajudar a germinar ideias e sair da caixa em que eles habitualmente se colocavam. A pessoa que me contratou trocou algumas mensagens comigo e, em uma delas, me mandou uma descrição da empresa: suas crenças e seus valores. Era um texto cheio de certezas, mas com termos e palavras sem muita vida. Fiquei um tempo preparando o treinamento e pensando em como tirá-los da anestesia. Foi quando me lembrei de uma foto que havia feito, pouco tempo antes, do meu filho Lucas. Toda vez que chega uma caixa de papelão em casa, ele corta, recorta e a transforma em algo com outro uso. No registro, ele havia feito da caixa uma fantasia de super-herói, em que a maior da parte dela era o capacete, com uma grande abertura na frente, enquanto os outros pedaços de papelão haviam se transformado em protetores de braço e bracelete. Então, para o meu filho, a empresa X não era uma das maiores fabricantes de celulose, que acredita neste e naquele valor, que cresce X% ao ano, que abraça causas sustentáveis, que pensa nas pessoas. Para ele, a empresa era brincadeira, realização de sonho. Coloquei a foto no treinamento e, em sala de aula, pedi que eles pensassem no que a empresa produzia, realmente, longe do discurso pronto. E que olhassem para as pessoas, pensassem no que o produto representava para elas, além do discurso bonito e oficial. E o que veio foram textos lindos e suaves, que em nada lembravam a "receita pronta" difundida no material corporativo. As pessoas escreveram histórias de amor, de amizade, de viagens por campos de eucaliptos e do seu cheiro, das famílias que cultivavam as árvores e suas trajetórias. Todos se emocionaram ao perceber que, muitas vezes, o nosso olhar, dentro da comunicação corporativa, acaba ficando invertido. E caímos no perigo de focar demais na instituição, no chefe, e pouco em a quem se destina o texto: pessoas como eu e você.

Para fechar este capítulo, minha sugestão de leitura é este texto sobre o trabalho dos sonhos, que ilustrou a capa da revista *Vida Simples* em fevereiro de 2018. Ele fala sobre este lugar que o trabalho deveria ocupar sempre na nossa vida: alinhado com a nossa alma. A linguagem corporativa deveria ocupar este mesmo lugar, o da conversa com a alma.

A pergunta "o que você vai ser quando crescer?" sempre me afligia. Eu poderia ser qualquer coisa, qualquer coisa mesmo? Bailarina, arqueóloga, cientista. Todas essas profissões me habitavam. Mas, aos poucos, percebi que nenhuma delas, de fato, me representava. Eu era um desastre no balé e a única coisa que gostava na arqueologia eram os filmes de Indiana Jones. Havia algo apenas que eu admirava profundamente: meu pai. Médico, cardiologista, desses que vai até a casa do paciente para acompanhá-lo. E eu adorava fazer essas visitas com ele. Quando entrava, os olhos das pessoas brilhavam e um sorriso enorme se abria, porque o médico estava ali. Ele sempre conversava muito, se interessava pelo outro, por suas dores e aflições. Um dia, lhe perguntei quando havia decidido ser médico: "Quando era criança." Então, ele me contou uma história linda sobre o dia, em sua casa de infância, quando todos estavam muito preocupados com a saúde de uma tia. "Mas quando o médico chegou, percebi que a aflição das pessoas se desfazia apenas pela presença dele ali. Cresci querendo causar isso no outro, e por isso fui fazer medicina", me contou.

São histórias como esta, de gente que faz o que faz com tanta paixão, prazer e felicidade, que servem como ponto de partida para chegar ao trabalho dos sonhos. Para fazer esta reportagem e desvendar esses caminhos conversei com muita gente, li alguns livros e artigos, assisti a documentários. O objetivo era entender como conseguir ser feliz naquilo que se faz. É possível unir satisfação, felicidade e trabalho? Uma das frases que mais me inquietaram nesta busca, mas que também serviram como norte foi a do escritor e filósofo Albert Camus: "Sem trabalho, toda a vida apodrece, mas quando o trabalho é desprovido de alma, a vida sufoca e morre." A partir desta afirmação comecei a entender que o problema em relação ao trabalho começa de um ponto essencial, no início de tudo. Passamos a infância ouvindo "o que você vai ser quando crescer?"; na adolescência, "qual profissão você vai escolher?"; já adultos, seguimos ouvindo "qual o seu trabalho?". Ninguém – nem a gente mesmo – faz a pergunta certa: "qual trabalho conversa com a sua alma?"

CONVERSAS COM A ALMA

Se eu admirava tanto o que meu pai fazia, por que não me tornei médica? Na verdade, eu quis, por algum tempo. Mal terminei o colégio, já prestei vestibular para medicina. Não passei. Fui fazer cursinho e, neste tempo dedicado apenas às minhas escolhas, percebi que não era aquilo que queria para mim. Eu gostava de escrever, de conversar, de ouvir histórias (assim como meu pai), mas não gostava de mergulhar nas questões do corpo. Decidi pelo jornalismo. E a notícia chegou como um tsunami para os meus pais. Para eles, havia apenas alguns poucos caminhos: medicina, engenharia, direito. Restrito. Segui mesmo assim e ouvi da minha mãe algo que me tocou: "Você seria uma ótima médica porque sabe enxergar, ouvir e lidar com o outro." Sim, eu sei, mas não era a medicina que minha alma queria. E essa escuta, a da alma, é algo que a gente demora para apurar. E, sim, a escolha da carreira é fortemente influenciada pela casa da infância, os pais e as relação que temos com eles. E entender isso nos ajuda muito a perceber os motivos (certos ou errados) que nos levaram aonde estamos hoje.

Foi assim também com a *coach* Mônica Barroso, que hoje dá uma aula de nome atraente na The School of Life, em São Paulo, Como Encontrar o Trabalho que Você Ame. Mônica é filha de um dentista com uma funcionária pública, então algumas das conversas em casa giravam em torno das questões que seu pai vivenciava no consultório ou da mãe durante seu expediente. Ao mesmo tempo, Mônica vivia numa cidade do interior e gostava de tomar banho de rio, brincar ao ar livre, subir em árvore, sentir o vento bater no rosto. Mas, sem se perguntar o que conversava com a alma, ela decidiu seguir uma carreira parecida com a do pai e ser médica. "Fazemos isso pelo desejo (muitas vezes inconsciente) de ser um bom filho e, assim, não perder o amor dos pais. Sem perceber, esse amor se interpõe nas nossas escolhas", conta ela. Quando não passou no vestibular de medicina, Mônica, como muita gente que tenta algo com afinco, ficou arrasada. Então ela se deu um tempo e foi quando se deu conta de que, talvez, não fosse mesmo medicina. Foi para São Paulo estudar, prestou vestibular para administração, ainda sem ter muita certeza disso, e passou. Mas não seguiu um caminho que diziam ser o mais certo: tentar carreira numa grande empresa. Mônica foi trabalhar em uma ONG que atuava junto a comunidades ribeirinhas da Amazônia. Ela era responsável por implementar projetos econômicos. "Na equipe, havia também médicos e dentistas, e eu pensava 'será que se eu tivesse feito medicina eu também estaria neste mesmo lugar?'. Foi então que entendi algo essencial quando buscamos nosso caminho profissional: mais do que escolher uma profissão, precisamos, antes, entender o que nos motiva a trabalhar com isso ou aquilo. E a minha motivação não era cuidar da doença ou preservar a saúde, mas ajudar o outro", conta.

Isso é algo que muitos de nós nunca percebem: não é a profissão que determina nossos caminhos, mas a motivação que nos leva até ela – e isso está intrinsecamente relacionado com a alma. "A partir disso, percebi que posso alterar minha rota profissional, desde que não perca esse fio condutor que é o cuidar do outro. O trabalho não é o fim, mas a ferramenta a serviço do outro", diz ela, lindamente.

Além disso, Mônica também percebeu que a criança que era e que gostava do contato com a natureza seguia a acompanhando nas suas decisões – e este é outro ponto importante. "As pessoas devem se questionar o que gostavam de fazer nas brincadeiras de criança? De nadar no rio, de segurar na pedra, de sentir o cheiro das plantas. Eu gostava de tudo isso e são elementos que estão presentes na minha vida até hoje, seja nas minhas viagens para a Amazônia, seja nas plantas que eu coloco na minha mesa de trabalho", afirma.

BRINCADEIRA DE CRIANÇA

Parece longe, eu sei, dizer que olhar para a criança que fomos nos ajuda a encontrar ou reencontrar nossos caminhos profissionais. Mas, acredite, isso é essencial para identificar um trabalho que esteja em consonância com a pessoa que você é, mesmo já grande. Você gostava de brincar de astronauta, de empinar pipa, de médico, de casinha, de cozinhar? Mas o que exatamente lhe atraía na brincadeira? Lembro que a primeira vez que fui questionada sobre isso achei de uma estranheza enorme. Eu estava numa aula sobre trabalho, com o inglês David Baker. E ele começou a fazer várias questões sobre essa fase da vida. Entre as brincadeiras de criança e o que me motivava a gostar delas (olha a motivação de novo aí) estava a tal da conversa com a alma. No meu caso, eu gostava de criar, de construir aquela história, de perceber como cada um na brincadeira interagia com o outro. Como diria de maneira extremamente sensível o educador e artista plástico que pesquisa o brincar Gandhy Piorski, no documentário *Território do brincar*, "o humano que as crianças nos ensinam é o que nos torna capazes de tomar decisões a partir de nós mesmos". Sim, a decisão por seguir este ou aquele caminho profissional não pode ser ditada apenas pelo mercado ou pelo salário, mas por aquilo que você quer para si. E a sua criança pode ajudá-lo nisso.

A partir desse ponto você também passa a perceber que seu leque de possibilidades é bem maior do que imaginava. O seu caminho deixa de ser ditado pelo que você escolheu como profissão, o que é limitante demais, mas pelo que está por trás disso, o que lhe atrai, toca, conversa com você dentro daquilo que faz todos os dias.

A SUA ROTA

No livro *Como encontrar o trabalho da sua vida* (Objetiva), o filósofo Roman Krznaric traça um ótimo panorama dos motivos pelos quais o trabalho ocupa um lugar tão importante na nossa vida e por que, na maior parte das vezes, temos tanta dificuldade em promover mudanças, mesmo diante da insatisfação. Historicamente, por exemplo, nunca tivemos tantas opções de caminhos como hoje em dia. Até a Revolução Industrial, essas decisões eram impostas.

Era uma questão de destino e necessidade, em vez de liberdade e escolha. Um filho de ferreiro, por exemplo, seria um ferreiro. E as mulheres? Cuidariam da casa e da prole. Não havia mobilidade. Mas a partir do início dos processos de industrialização, as oportunidades de carreira se ampliaram.

Em seus estudos sobre trabalho, Krznaric concluiu que uma carreira realizadora está ligada a três aspectos fundamentais: sentido, fluxo e liberdade. "As pessoas realizadas têm alguma combinação dos três, e também desconfiam da submissão excessiva por dinheiro e status", escreve.

O sentido está diretamente conectado a, exatamente, ver algum sentido no que faz. Lembro, até hoje, uma conversa com uma economista que era executiva de uma grande cadeia de fast-food. Aquilo que ela fazia e a maneira como a empresa obtinha seus lucros não a incomodavam até o momento em que ela se tornou mãe. Quando a primogênita nasceu e ela passou a vivenciar a beleza que é ver um filho crescer, começou a evitar os lanches rápidos. E passou a se perguntar como poderia incentivar e convencer outros pais a darem a prole uma comida que ela mesma não oferecia para a própria filha. Foi a partir deste incômodo, tão ligado ao seu coração, que ela pediu demissão e mudou o rumo da carreira para fazer algo que fizesse mais sentido e voltasse àquele ponto inicial deste texto, que conversasse com a alma. E criou uma pequena empresa de entrega de lanches (com suco caseiro, frutas e sanduíches saudáveis) para as crianças cujos pais não têm tempo – nem criatividade – para montar a lancheira da molecada. Agora sim ela havia encontrado um sentido para o que faz.

Isso não significa, claro, sempre largar tudo para virar um empreendedor. A questão é realmente você ver significado naquilo que faz, não só para você mas para as pessoas ao redor. É possível trabalhar na indústria de remédios e ver sentido naquilo; em fábricas de materiais de construção; de eletrodomésticos. Se está tudo bem para você, então o caminho é acertado.

Outro ponto citado por Krznaric, o fluxo, tem a ver com não se acomodar diante daquilo que não lhe faz bem. Trabalhar apenas e somente para pagar as contas – e se ver preso a algo que não gosta – e acreditar que será feliz quando a aposentadoria chegar – pode ser uma boa forma de desperdiçar tempo e energia de vida. Uma experiência de fluxo é aquela em que estamos completamente absortos no que fazemos, seja andando de bicicleta, praticando ioga ou apresentando os resultados financeiros da empresa para os acionistas. O seu envolvimento com aquilo é tamanho, naquele momento, que nada mais importa. Uma sugestão para que você encontre aquilo que lhe coloca neste estado de fluxo é fazer um diário e ir anotando as tarefas que proporcionam isso: uma determinada pesquisa para o desenvolvimento de um produto; a leitura de um artigo; a conversa com um colega sobre os dados que ele está analisando – e que para você parece algo extremamente curioso.

Por fim, a liberdade. Você pode experimentar este sentimento, mesmo em algo com uma carga horária convencional, das 9h às 18h, em um local tradicional. E tudo bem. O objetivo é não se sentir sufocado naquilo que faz. Trabalho não deve ser prisão. Mas o excesso de liberdade, da agenda, do horário, também pode ser amedrontador. Então, antes de tomar esta decisão, avalie se essa flexibilidade de agenda de fato combina com você, com sua personalidade e estilo de vida.

MEDO, ESSE DANADO

Mas e se, mesmo depois dessa conversa que tivemos aqui, você ainda estiver com medo de mudar e seguir um caminho que tenha mais a ver com a pessoa que você é? Se serve como consolo, não estamos sozinhos com nossas incertezas. "Tememos que o trabalho não nos ofereça a satisfação esperada, ou que não sejamos bem-sucedidos no novo campo, ou que estejamos muito velhos para mudar, ou que não possamos assumir o risco econômico com um financiamento doméstico tão caro ainda por pagar, ou então que não possamos retomar nosso antigo emprego caso o plano de virarmos artistas de marionetes ou perfumistas não dê certo. O medo do fracasso chega a ser quase uma aflição universal", revela Krznaric.

Além disso, tem algo que, para mim, trouxe um grande alívio quando percebi – e que divido aqui. O trabalho dos sonhos, a carreira ideal, não é algo que a gente encontre, mas sim que cultivamos. Nunca estará pronto, integralmente perfeito. A vida muda o tempo todo, a gente amadurece, percorre estradas diversas (dentro e fora de nós) e as nossas vontades e desejos profissionais também se alteram. É uma conquista diária, e essa é a graça maior dessa história toda. Como diria George Eliot, pseudônimo da romancista Mary Ann Evans, em *Middlemarch*: "Eu não me arrastaria pelo litoral, mas remaria mar adentro, seguindo as estrelas." Então, não se arraste pela vida em algo que não lhe faz feliz ou pela paralisia da escolha. Você pode criar redes de proteção para dar este salto, pode fazer uma reserva financeira, pode fazer cursos para se preparar para este momento. Mas haverá uma hora em que você vai precisar dar este salto. E quando o receio ou a incerteza apertar, lembre-se de fazer a pergunta mais acertada: "O que (o trabalho, a carreira) está conversando com a minha alma agora?" O quê?

["Como encontrar o trabalho dos sonhos", Ana Holanda, *Vida Simples*, fevereiro de 2018]

Exercício sugerido

Se lance um pouco mais nessa grande aventura que é escrever conversando com a sua alma e com a do leitor. Neste ponto do livro, você já tem mais certezas do que dúvidas. Talvez o medo ainda esteja presente, mas, aos poucos, ele vai diminuindo – nunca deixará de existir, porque isso faz parte da vida. Então, o desafio agora é escrever um texto sobre um tema que lhe é difícil, espinhoso, território minado. Não consegue imaginar um texto jurídico ou científico com esta linguagem? Experimente. Tente fazer diferente, parta de outros pontos, tente um início incomum. Política é algo árduo para você? Se proponha a fazer um texto sobre isso. Mas lembre-se: mergulhe, camada por camada. Os mergulhos profundos são os melhores. Acredite, você já está pronto.

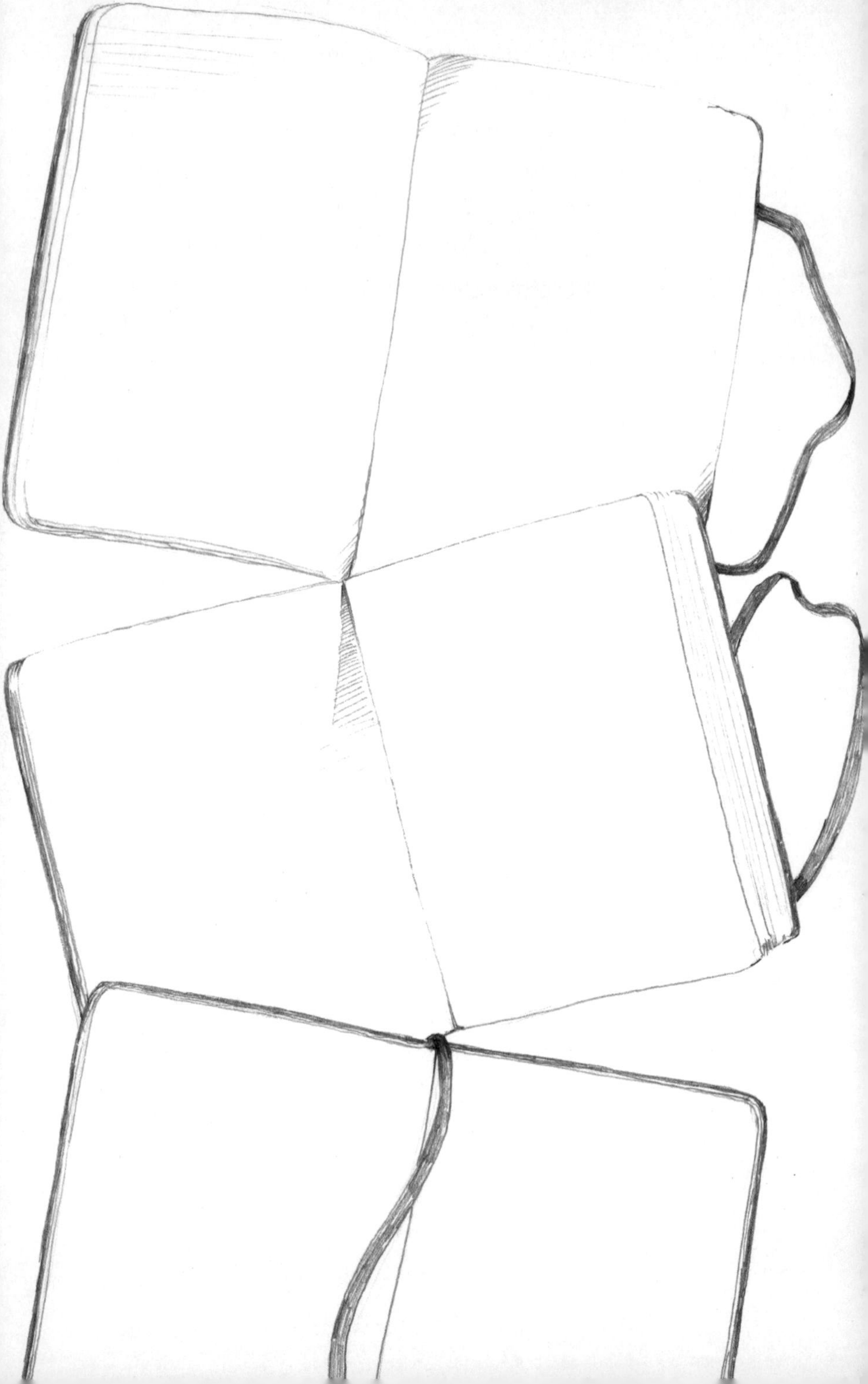

7. AUTOAVALIAÇÃO

Juntos, por meio das palavras,
podemos mudar o mundo. Mas, primeiro,
a gente se transforma, se descobre, se encanta com
a própria capacidade de escrever.

Ao ver um fio de cabelo branco em mim, Lucas, meu filho, perguntou inquieto: "Você está ficando velhinha?" Eu disse a ele que o tempo estava passando para ele e para mim. E que, sim, provavelmente eu ficaria velhinha. Ele então me questionou se vou morrer. Eu disse que meu corpo um dia vai parar de funcionar, mas que eu continuarei sempre viva dentro dele e da Clara. Então, de certa forma, a gente sempre seguirá junto. Estar vivo dentro de alguém demanda aprendizado, construção. É plantio, igual semente, que um dia cresce e passa a dar seus próprios frutos. Com a escrita é exatamente assim. Por muitos motivos: é um processo de aprender, de acreditar em si mesmo, de se doar e de fazer brotar no outro, por meio das palavras, um pouco de você mesmo. Pelo menos essa é a relação que tenho com meus alunos. Eu os conduzo, mas existe o momento de deixar ir. Por isso, durante nossa caminhada, sempre insisto para que olhem para a sua escrita com generosidade. Avaliem, percebam erros e acertos, critiquem na medida, mas nunca se exijam demais, porque o perfeccionismo excessivo é armadilha das mais perversas. Se nunca está bom o suficiente, você não publica, não coloca no mundo. Se não se expõe, não segue aprendendo. É um ciclo que não termina e não faz você seguir em frente. Apenas se esconder.

A escrita é transparente. É possível perceber quando estamos com os armários internos desarrumados, ou mesmo quando queremos manter uma distância de segurança do outro, para que ele não se aproxime muito e a gente não tenha que se envolver, se relacionar, lidar com nosso melhor e nosso pior – porque se relacionar de verdade é isso. Mas as palavras também revelam alegria, generosidade, sensibilidade, poesia, doçura, abertura de coração e de alma. Elas nos pontuam se estamos olhando de cima para baixo, impondo nossas ideias ou de igual pra igual, olho no olho. Tive uma aluna que, inquieta, me perguntou o que fazer com a escrita a partir daquele momento? Isso porque, depois de ser apresentada à escrita afetuosa, ela havia percebido que alguns de seus textos eram impositivos, cheios de regras, de comando, não falavam em tom de igualdade, só impunham ideias. E ela queria realmente tocar, acolher o outro. Pedi que olhasse para toda a sua produção, até então, com generosidade. Porque, de certa maneira, aqueles textos que hoje não a agradavam mais também eram parte dela. E a gente precisa olhar para o que nos satisfaz e para o que nos desagrada. É assim que crescemos, afinal. Hoje, tenho um baita orgulho dela, que está voando cada dia mais longe, acreditando em si mesma e acolhendo pelas palavras. A saber, de vez em quando ela reescreve alguns de seus textos antigos. Respeita o que fez, agradece pelos aprendizados e refaz sua própria história com mais maturidade e clareza.

Escrever é um processo intenso, assim como a vida. Jamais disse que seria fácil. A proposta nunca foi oferecer algo pronto, mas, sim, ajudá-lo a construir a melhor versão de si mesmo e da sua escrita. Neste trajeto, tem gente que foge. Não vai mais à aula, não faz os exercícios propostos. Esses, talvez, nem cheguem a ler este capítulo. Uma pena. Mas é também uma escolha. No entanto, mais de mil alunos depois, posso dizer que muitos mergulharam profundamente dentro de si próprios. Alguns lançaram livro – e me convidaram para fazer o prefácio –, outros redescobriram a paixão por escrever, alguns mudaram totalmente o rumo da vida depois do curso (um efeito colateral que de vez em quando acontece), criaram blog, colocaram sua escrita no mundo, se aperfeiçoaram e não pararam mais de escrever afetuosamente. Sempre digo que eles são semente. E que, juntos, por meio das palavras, podemos mudar o mundo. Mas, primeiro, a gente se transforma, se descobre, se encanta com a própria capacidade de escrever.

"De onde está vindo isso? Não sei o que você fez comigo, mas funcionou. Nunca havia escrito dessa maneira!", me disse um aluno, um senhor que já havia ultrapassado os 60 anos. Expliquei que eu apenas o havia conduzido para dentro dele, que é onde a escrita nasce. As histórias, a maneira delicada e sincera de escrever, eram dele. Estavam ali, dentro de alguma caixa, guardadas, empacotadas pelo medo de errar, de se expressar com muito sentimento, de parecer bobo. O único perigo é que, quando essa porta se abre, dificilmente se fecha novamente. Porque é bom, dá outra dimensão para a escrita e para a vida. Ouso dizer que traz mais cor e poesia para a rotina e uma sensação muito boa de poder realizar algo não apenas para si mesmo, mas para o outro e, quem sabe, para o mundo.

As palavras, usadas da maneira certa, com alma, como uma conversa com o outro, aproximam as pessoas. E em uma época de hostilidade por questões às vezes tão pequenas, conseguir nos aproximar com algo relativamente simples (todo mundo fala, a maioria lê e escreve) é resgatar a própria força e a capacidade de mudança. Repito isso incessantemente para me fazer entender. Ou para fazer com que mais pessoas entendam e se arrisquem a escrever com alma, com afeto, com entrega, olhando, conversando, se aproximando do outro com o peito aberto.

Olhe para a sua escrita, olhe para você, olhe para o outro. Enxergue. Sinta. Escreva.

Erros e acertos

Um bom texto tem coerência, uma narrativa clara e linear, com começo, meio e fim. Mergulha nas histórias e não se perde ao tentar contar muitos acontecimentos ao mesmo tempo. Também não se repete nem fica circulando demais no assunto. Vai direto ao ponto. E, essencialmente, um bom texto carrega consigo a alma do autor, seja ela qual for. É claro que existem estilos variados, como poesia, crônica, romance, ficção, não ficção. Eu não delimito esses espaços, até porque eu não os domino. Não poderia ensinar sobre ficção sendo que nunca desenvolvi uma e, dessa maneira, não sei os percalços para produzi-la. Não posso falar sobre criação de roteiro, metodologia de desenvolvimento de personagem. Mas me sinto muito à vontade para falar sobre escrita. Leio muitos textos todos os dias, dos mais variados tamanhos, analiso, edito, aconselho sobre as melhores rotas a seguir, sinto, me emociono. Ajudo a construir, construo sozinha. Já passei por todas as etapas de um texto, do começo ao fim, milhares de vezes ao longo das últimas duas décadas. Então, acredito, eu tenho algo a compartilhar. Algo que é anterior à técnica, ao estilo em si. E que tem a ver com cada um se sentir à vontade com as palavras.

Todo bom texto, em geral, começa com um bom planejamento. É preciso refletir um pouco antes de sair buscando as ideias, apurando, como se diz no jargão do jornalismo. Isso o ajuda a refletir sobre o que está realmente por trás da história que se quer. Converse com você mesmo e com pessoas próximas sobre a ideia e os caminhos. Veja se essa lhe parece, realmente, a melhor trilha. E quando começar a entrar na história, deixe que ela se mostre. A gente faz isso quando não chega com muitas ideias prontas – só um vislumbre delas. Para isso é preciso algo que também não aprendemos nos cursos, mas na vida: humildade para perceber, sem arrogância, o que está sendo dito a você. Há enredos que se modificam conforme vão sendo construídos. Faz parte do jogo. Tem quem não perceba e siga cego na rota que traçou. Sempre digo que é preciso sentir o cheiro das histórias, igual gente que sente cheiro de chuva. Não tem, às vezes, uma explicação muito lógica. Está nas entrelinhas. E há que se respeitar isso.

Com o tempo, e ao escrever mais e mais, você vai, aos poucos, se sentir mais à vontade com as palavras. O texto vai nascer com mais facilidade. Mesmo ao chegar a este ponto, vale olhar para trás e reler seus primeiros textos. Porque essa tarefa o ajuda a treinar o olhar para sua escrita e perceber com mais tranquilidade as travas que há no texto, a repetição de palavras, os excessos e as ausências. Outra sugestão é, ao ler e reler seu texto, perceber onde pode melhorar e, principalmente, como. Olhos treinados e amadurecimento vão fazer com que você se dê conta não apenas dos problemas, mas como chegar às soluções: como descrever melhor uma cena, onde o texto perde a continuidade, quando se torna repetitivo e assim por diante.

Por último, toda autoanálise também precisa de tempo. No início, pode ser que você perceba que seu texto tem algum problema, mas não saiba ao certo onde. Tudo bem. Se dê uma pausa, um respiro, para amadurecer as ideias. Gosto de dizer que as ideias precisam dormir. Um dia, muitas vezes, é o suficiente para reler e perceber o texto com olhar renovado. Melhorar onde acredita que é possível, ou simplesmente admitir para si mesmo que aquela é sua melhor versão. Acredite, você chegou no ponto. E leia, muito. Não apenas os clássicos, mas as notícias cotidianas, os recados do mural do prédio, as revistas da sala de espera do consultório. Às vezes, entro numa livraria e escolho o livro pela capa. Outras, acredito piamente nas sugestões de leitura que o Kindle oferece e me proponho a ler e conhecer algo novo. Observe como as pessoas que você admira escrevem. Perceba quais textos mais lhe tocam e que estilo o autor segue. Inspire-se em seus autores favoritos. Tudo isso também vai ajudar a compor algo que seja só seu.

O mais lindo é perceber que quanto mais você se conhece, quanto mais mergulha na sua escrita e se apodera da palavra, mais vai percebendo qual caminho faz sentido. E, a partir disso, sente-se mais confortável para estudar com maior profundidade o estilo com que mais se identifica. Não sou eu quem tem que dizer isso – é você quem precisa descobrir. Vá em frente! O texto que selecionei para fechar este capítulo é, na verdade, uma entrevista que fiz no final de 2015 com Ana Thomaz, uma pessoa de difícil definição pelo padrão socialmente estabelecido. Ana é pessoa que sente, vive, percebe, questiona, busca respostas, muda, desafia, acolhe, suaviza. E, principalmente, sorri com os olhos. Ela fala sobre a vida, as nossas escolhas e os mergulhos internos. E sobre como nunca devemos parar de nos questionar e deixar para trás, se for necessário, antigos modelos que não fazem mais sentido. Avaliar a sua escrita é isso. Um exercício de vida, de dar sentido a tudo que você cria. Então, acredito, essa entrevista cai muito bem aqui. Aproveite!

Quando criança, Ana tinha como objetivo ser mãe. Na adolescência, descobriu a dança. Formou-se bailarina. Nas viagens a trabalho, com o grupo de dança, os conflitos surgiam. E ela pensava que não havia sido preparada para lidar com aquilo. Com menos de 25 anos, já era mãe de um menino. O pequeno nasceu depois de uma cesárea desnecessária, e Ana voltava a se questionar por que não se sentia preparada para aquele papel que, desde sempre, era seu grande querer. "Comecei a desconfiar da escola. Eu tinha a sensação de ter passado boa parte dos meus anos lá dentro e, de repente, percebi que pouco ou quase nada do que aprendi estava me ajudando a lidar com a vida." A partir daí, ela começou a mergulhar no que seria uma formação focada, principalmente, na vida, e não no mercado de trabalho ou naquilo que a sociedade quer ou dita para cada um de nós. Hoje, Ana Thomaz mora em Piracaia, no interior de São Paulo, e viaja pelo país dividindo os aprendizados adquiridos em quase duas décadas de observação. Ela conversa com pessoas de olhares variados: "Posso falar para uma comunidade alternativa no Vale do Capão, na Bahia; ou para um grupo de executivos em São Paulo." Em comum, todos estão se questionando: qual o sentido de tudo isso? Pergunta, aliás, que tem inquietado cada vez mais pessoas que buscam um caminho para a própria existência.

COMO VOCÊ DEFINE SEUS CAMINHOS?

Eu não os defino. Não faço planos. E isso é um conforto, é libertador. Porque ser livre é não ter que escolher, mas fazer apenas aquilo que é coerente para você. Lembro que, quando era criança, havia uma professora muito dura na escola, ela parecia não gostar do que fazia. Um dia, eu a vi indo embora sozinha e pensei: "Ela tem as próprias escolhas, ninguém a está obrigando a nada. Então por que ela continua a fazer algo de que não gosta?" Eu tinha 5 anos e já começava a questionar o que fazia sentido ou não. E, com o passar dos anos, muitas coisas foram não fazendo sentido.

COMO É ESSE "NÃO FAZER SENTIDO" COM QUE ALGUMAS PESSOAS, EM ALGUM INSTANTE, SE DEPARAM?

É físico, é insatisfação, infelicidade com a vida. A gente segue um roteiro, faz a escola, a faculdade, e de repente vai para o mercado de trabalho e percebe que não está feliz. Isso acontece porque passamos uma boa parte da vida aprendendo coisas que não servem para nada. Somos criados para um mundo condicionado. Mas costumo dizer que a vida é incondicionada. E, para lidar com essa frustração, a gente começa a se distrair. E o consumo é a principal das nossas distrações. Quando eu estava na escola, eu sentia que não me preparavam para o sentido da minha vida. Depois, na minha carreira como bailarina, eu viajava muito e tinha um relacionamento intenso com o grupo. E havia muitos conflitos. Eu pensava: "Nossa, como é que a gente não se preparou para isso? Sou adulta e não estou preparada para isso." Quando me tornei mãe, senti a mesma coisa. Então, passei a desconfiar da escola. Nomeei isso como "desescolarização", que é tirar a escola de dentro de mim. Ela não me serviu para muita coisa e me trouxe bastante frustração. Com meus filhos, eu não poderia fazer diferente. Eu não podia fazer com que eles frequentassem algo em que eu não acreditava mais. Meu filho mais velho pediu para sair quando terminou o fundamental. E minhas duas filhas estão sendo ensinadas em casa.

E COMO ELAS APRENDEM?

É muito interessante o que está acontecendo. E é também um risco. Mas foi algo que simplesmente foi acontecendo na nossa vida. Eu estou presente nas situações e elas aprenderam a ler e a escrever sozinhas. A mais velha domina a cozinha mais do que eu. Fui para o Cariri (Ceará), em setembro, e conheci seu Raimundo, um homem de 80 anos, analfabeto, que vive do cultivo da mandioca e tem uma banda de pífanos, que é conhecida no mundo todo – e existe há 200 anos. Ele me contou que às vezes está na roça e então aparece um passarinho. Ao ouvi-lo cantar, ele percebe a poesia, e uma música começa a surgir na cabeça dele. Quando chega em casa, ele apresenta essa canção para o grupo de pífanos do qual faz parte. Todos a desenvolvem, ensaiam e, quando se dão conta, estão tocando na Alemanha, no Rio de Janeiro, em Porto Alegre. E ele me fala: "O que estou fazendo ali não é cultura. A cultura eu faço todo dia cultivando minha mandioca. Aí vem um passarinho e conversa comigo, aí vem a chuva, a onça. Isso é cultura. Ir para o palco é brincadeira. Porque a cultura está sempre comigo." Seu Raimundo é analfabeto. E que diferença faria se ele soubesse escrever? Se as minhas filhas não soubessem ler e escrever estaria tudo bem. Mas elas sabem porque isso faz parte do meu universo. Seu Raimundo sabe compor como ninguém porque isso faz parte do universo dele. Então, o que faz parte do seu universo você vai aprender espontaneamente.

MUITAS PESSOAS QUEREM MUDAR A ROTINA, APOSTAR NA INTUIÇÃO, MAS TÊM MEDO DA QUESTÃO FINANCEIRA. COMO ISSO ACONTECEU PARA VOCÊ?

O dinheiro é fluxo, uma invenção do ser humano, assim como a comida e as relações. E eu tenho uma visão muito lúdica do mundo. Eu sei que algumas coisas eu posso fazer por troca e outras eu preciso de dinheiro, porque ele faz parte da nossa sociedade. O que acontece quando você muda seu olhar perante a vida é que altera a maneira como enxerga essa questão. O dinheiro, por exemplo, não precisa ser retido ou economizado. Isso não significa gastar tudo o que tem, mas você não deixa de gastar por receio da falta. E você também não usa esse recurso em um processo antivida. Não vai desperdiçar, torrar, gastar para preencher uma falta interna. O dinheiro é usado para potencializar algo. Hoje, eu cobro pelas palestras e pelos projetos que desenvolvo para diversos grupos pelo país. E o que ganho está sendo usado para a construção de uma área no interior de São Paulo, um lugar onde as pessoas vão poder vivenciar essa forma de olhar a vida. O dinheiro vai para a construção do acesso à estrada, para o poço de água, para fazer a cozinha, a área de camping. Eu não cobro para as pessoas darem valor ao meu trabalho, mas para construir o Amalaya (nome do lugar, que significa "onde os milagres se realizam"). Eu estou arriscando esse caminho. Mas é algo que faço com responsabilidade, com lucidez, porque estou atenta a isso, aos meus filhos e à minha vida.

VOCÊ É UMA OTIMISTA EM RELAÇÃO AOS CAMINHOS QUE A HUMANIDADE ESTÁ TOMANDO?

Me chamam muito de otimista. Mas é que eu sou realista. E a realidade não é ideal. Ela é perfeita. Se eu estou numa situação desagradável é porque ela me é necessária, mesmo que você pense "Puxa, não precisava acontecer isso". Não precisava, mas aconteceu. Não precisava ocorrer no meu ideal. Mas, no real, precisava. E é preciso olhar para isso. Porque não tem nada que eu viva que não seja, da minha perspectiva, a apresentação de mim mesma. O problema é que a gente fica se iludindo com outras coisas e, dessa maneira, compensando a vida. E daí não se dá conta de que a vida está estagnada. Ou seja, existe uma falta na vida, mas eu não a reconheço. Fico consumindo, me distraindo.

VOCÊ CONSIDERA SEU OLHAR DE VIDA LIBERTADOR?

Sim, porque faço aquilo que faz sentido para mim. Não tem escolha. A escolha é ser feliz.

O TEMPO TODO VOCÊ SORRI COM OS OLHOS...

Só o outro consegue ver isso. A gente só se desenvolve quando se relaciona com o outro. Nunca me fecho em um canto. Ninguém se torna uma pessoa mais tolerante sozinha. Ou alguém melhor no mundo. Nada acontece apenas em torno do meu umbigo. É sempre: "Essa situação me incomodou, deixa eu ver o que, em mim, ela reflete."

A GENTE NUNCA DEVE PARAR DE QUESTIONAR NOSSAS VERDADES?

Nunca. E eu gosto de ilustrar essa questão com uma história de uma experiência na qual cinco macacos foram colocados numa jaula com uma escada e um cacho de bananas no teto. Quando um macaco subia a escada para pegar a banana, todos recebiam uma ducha de água fria e violenta. E assim foi até condicionar esses animais a não pegar a fruta. Então os cientistas tiraram um animal antigo e colocaram um macaco novo na jaula. Quando ele tentou subir para pegar uma banana, os outros o impediram batendo nele. Não havia mais ducha nem castigo. Mas aquele comportamento já estava incorporado. E assim foram retirando cada um dos cinco macacos originais, até não ter mais nenhum. E nenhum deles tentou mais pegar o cacho de bananas. Pronto, o paradigma estava instalado. O que as pessoas fazem? Resolvem conversar sobre "por que não conversar sobre pegar o cacho de bananas – assim não é preciso que todos fiquem vigiando". E não se discute sobre o que importa: "Por que não estou pegando esse cacho de bananas?" É assim que a sociedade funciona: não questiona. Quando a pessoa está angustiada com seus caminhos de vida, deve se questionar. Você só faz algo (por mais radical que pareça) quando isso passa a ser a coisa mais normal do mundo para você. E quem te indica isso é o seu corpo. Você tem a sensação física de que está fazendo o que é certo para você. Esse é o caminho da intuição, do instinto, da conexão, da afinidade, e não da especulação, da racionalidade. Você não precisa se encaixar numa profissão, num mercado de trabalho. Precisa, sim, entrar em contato com você e perceber o que existe de singular aí dentro.

O QUE É A VIDA, AFINAL?

Uma brincadeira, mas sem a ilusão de que brincar é algo irresponsável. Quando você observa uma criança brincando, percebe que ela tem um respeito enorme por aquilo, uma concentração, uma seriedade. Ela está vivendo aquilo. E ela não está fazendo aquela atividade para melhorar a coordenação motora, para se preparar para o mercado de trabalho, para vender algo. Ela está fazendo aquilo porque não tem escolha. Eu vejo a minha filha brincando com as bonecas, e é de uma inteireza... É brincadeira para o resto da vida. Mas é a brincadeira da infância séria, em que você se envolve.

Ana Thomaz já foi bailarina e professora. Pesquisa maneiras de transformar o atual sistema de educação. É mãe de três filhos, que nasceram em tempos diferentes, e uma apaixonada pela vida.

["Como encontrar uma vida com mais sentido", Ana Holanda, *Vida Simples*, fevereiro de 2016]

Exercício sugerido

Analise os textos que você escreveu ao longo da leitura deste livro. Perceba erros e acertos, sinta os incômodos, os lugares onde a escrita corre feito rio ou trava feito poça. Reescreva se for necessário, e faça isso com gentileza e respeito pela pessoa que nasce e morre em você todos os dias.

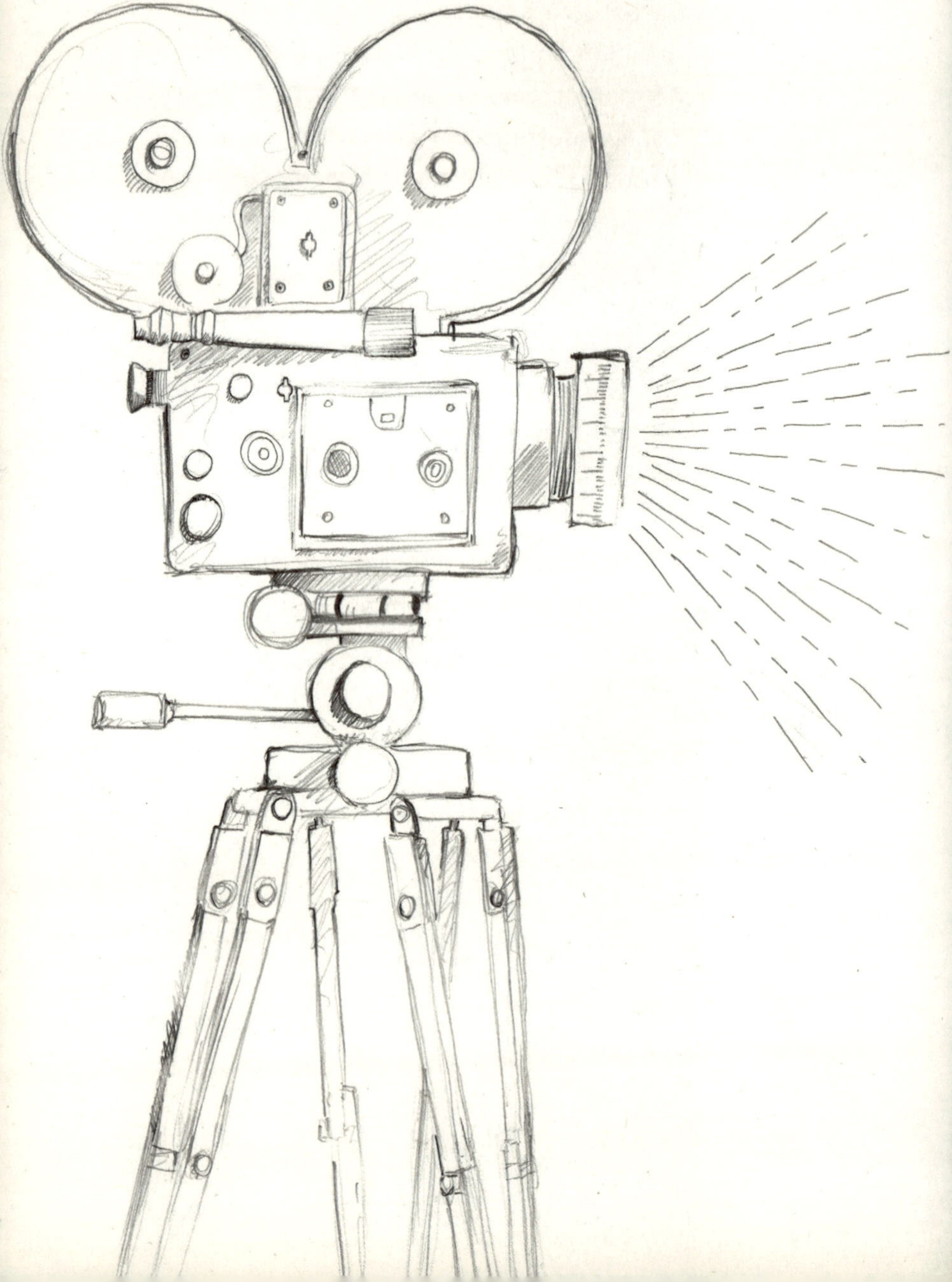

8. PARA SEGUIR EM FRENTE

Cada um tem sua própria voz,
seu caminho, seu talento. A escrita é
para todos. E olhar com mais sensibilidade
e percepção é uma escolha, uma opção,
que às vezes dá um certo trabalho. Demanda
um querer, uma vontade de sair desse
sono profundo em que às vezes nos
encontramos e, finalmente, viver.

Colocar seu texto no mundo é essencial para que você siga em frente. Mas como fazer isso? Meu livro *Minha mãe fazia* (Bicicleta Amarela), minha primeira experiência literária, foi inspirado em um projeto online de mesmo nome que já citei por aqui, uma página no Facebook (facebook.com/minhamaefazia) na qual escrevo textos sobre memórias de infância, histórias do meu dia a dia com os filhos e a relação disso tudo com a comida. O objetivo é mostrar, através das narrativas, que comida é relação, é escolha, amor, saudade, história. É vida, enfim. O formato é bem regular: um texto, feito em escrita afetuosa, uma receita relacionada a ele, e uma foto do prato final, que pode ser um bolo, um pudim, uma carne, um ensopado. Eu mesma faço as imagens com meu celular, sem muito preciosismo estético. Conto apenas com meu olhar. A página tem hoje mais de 20 mil seguidores, gente que, como eu, percebe que a comida carrega emoção, envolvimento. Mas o formato não surgiu como mágica. No início, não fazia muita ideia de como seria. Percebi que meu desejo era escrever sobre comida, pelo meu sentir. Não sabia se criava um blog ou uma página no Facebook. Optei pela segunda alternativa por ser mais fácil e prática. O formato já estava pronto. Não demorei dez minutos para criá-la. E dei o pontapé inicial. Os primeiros textos não traziam a receita, apenas citavam o prato. Mas os leitores queriam saber como eu preparava determinado doce ou carne assada, mesmo que fosse um modo de fazer sem qualquer tipo de segredo ou dificuldade.

O tempo e a disciplina de escrever para a página me renderam um aprendizado enorme. E alguns bons amigos, gente que me escreve de cidades próximas e de países do outro lado do oceano, gente que compartilha, troca, estabelece uma conversa sincera. Depois do livro, veio o curso, Cozinha de Memórias, que trata de como escrever sobre comida sem clichês e muita alma. Quando olho para trás, percebo que esse projeto, nascido no coração, se transformou em algo maior do que eu poderia supor. Por isso, quando recebi a primeira caixa de livros da editora e abri, chorei. Eram lágrimas de realização. Minha filha Clara, acostumada a me ver chorar (sim, me emociono com quase qualquer coisa), disse: "Sobe essas lágrimas, mãe." Eu expliquei a ela que as lágrimas eram de alegria. A caixa não continha apenas livros ou mesmo a realização de um sonho, mas a prova de que nunca devemos duvidar daquilo que nasce no coração. O mais comum é passarmos a vida tentando abafar isso. Vai ter sempre uma porção de pessoas dizendo "esquece isso". Desejos que nascem no coração parecem inadequados para o mundo de hoje, tão pragmático, digital, virtual, cheio de certezas concretas. Aquela caixa de livros me mostrava que a crença em nós mesmos e na nossa capacidade de realizar as coisas é algo necessário, para qualquer um. É claro que nada caiu do céu. Foi preciso muita caminhada, empenho, tempo e resiliência, porque eu ouvi uma boa quantidade de *nãos*. Mas sempre existiu algo que nunca me fez desistir: o que eu causava no outro, a sensação de acolhimento, de encontro, de fazer diferença real para alguém que não seja você mesmo. Então, acredite no que está gritando dentro de você. Transforme isso em palavras e realize de alguma maneira.

Como?

Os projetos, hoje, estão seguindo caminhos muito variados. Tem gente que começa de maneira bastante despretensiosa, dando apenas vazão para algo que está gritando lá dentro, e então cria uma página no Facebook, um canal no YouTube, uma conta no Instagram. O escritor e poeta Zack Magiezi é um exemplo de que as trilhas são muito diversas. Zack começou no meio virtual, para depois ir para o espaço físico. Primeiro veio a conta no Instagram, depois os livros (caminho relativamente comum atualmente, inclusive), *Estranherismo* e *Notas sobre ela* (Bertrand Brasil). Sua conta no Instagram tem quase um milhão de seguidores. Nela, ele traz poemas curtos, mas que rasgam por dentro:

conselho de passarinho
voar
é a única opção
para quem perdeu o chão

Zack criou a conta no Instagram para ter um espaço onde pudesse falar de seu mundo, sentimentos e também angústias. Conversei com ele quando lançou seu primeiro livro, *Estranherismo*. Primeiro, quis saber como ele enxergava a escrita: "Eu não fico muito tempo pensando na minha maneira de escrever. É algo natural para mim. Talvez seja a minha maneira de gritar sem sons, são coisas intensas e sentimentais, coisas de uma pessoa intensa. Talvez os meus gritos encontrem outros gritos por aí. Não sei se é literatura, mas é extremamente humano" ("Poesia com alma", entrevista publicada na revista *Vida Simples*, Ana Holanda, julho de 2016). Depois, meu interesse foi saber dele se a palavra, independentemente do formato, tem a capacidade de transformar o outro. "Recebo vários desabafos de pessoas que passaram um tempo anestesiadas. A maioria fala de como a minha escrita as tocou e mostrou o quanto a vida é urgente. Fico muito contente, pois sou um entusiasta da liberdade e da imperfeição, temos que ser quem somos. As pessoas me falam de recomeços, das tristezas e das alegrias, me falam da sua humanidade. Quando leio essas histórias, fico com a sensação de que estou no caminho certo. A palavra por si só é um agente transformador, os escritores que li mudaram e ainda mudam a minha vida."

Criar espaços para falar sobre o seu mundo é um caminho. Mas antes de sair se atirando por muitos mares, é importante se questionar: qual é a força e também a essência daquilo que você faz? Não acredito muito em projetos (de narrativas) que *precisam* estar em todas as mídias. Precisa mesmo? O processo para desenvolver um projeto (pessoal ou corporativo) não é muito diferente dos caminhos que você trilha em relação à escrita. É preciso, primeiro, encontrar a essência dele. E, a partir daí, descobrir por onde trilhar. Faz parte disso: empatia, a força da história de cada um, a busca pelo simples, pelo que toca, afeta, conversa verdadeiramente com o outro. Tive uma conversa demorada com um estudante de jornalismo que queria minha ajuda, meu olhar e meus conselhos em relação a um projeto que envolvia narrativas. Marcamos, numa tarde chuvosa, um café. No meio da conversa, ele abriu um papel enorme, cheio de dobras. A ideia dele era criar um site com histórias de pessoas. Eu lhe perguntei o que estava por trás daquilo tudo, por que ele queria fazer um site? Ele me contou que todos os dias percorria diferentes realidades. Morava na periferia de São Paulo e trabalhava na região oeste, em uma área nobre, e estudava na região central. Ao percorrer áreas tão diversas indo de casa para o trabalho ou para a faculdade, ele percebia, de maneira gritante, as diferenças sociais. Então lhe recomendei que prestasse atenção nisso. Era a partir dessas desigualdades, desse olhar de quem está no ônibus, no trem ou no metrô e das pessoas e paisagens que surgiam em seu caminho, que ele deveria contar as histórias. Além de chegar ao melhor formato, também. Eu sabia, apenas, que não era um site. Como ele iria atualizar o material, quem faria a programação, quantas pessoas ele precisaria envolver nisso? Eu não tinha a resposta. Poderia ser algo no Instagram, envolvendo imagens e texto. Simples, fácil de atualizar, de manter vivo. Poderia ser um canal no YouTube. Poderia ser muitas coisas, e era ele quem deveria buscar essa resposta, a partir dele mesmo e de como ele se sentia à vontade com cada caminho.

Acredito que a alma precisa fazer parte de qualquer projeto, seja ele qual for. Uma vez, uma aluna me questionou se uma escrita mais sensível não soaria falsa, para fazer o outro se emocionar propositalmente e, dessa maneira, conseguir mais fãs, seguidores, simpatizantes. O que a minha percepção tem me mostrado é que não dá para mascarar. Quando a escrita é afetuosa ela traz uma sensibilidade delicada, que não carrega nas tintas, não dramatiza para fazer chorar. Ela pode emocionar ou não. Mas o outro sabe, sempre sabe, o quanto de verdade existe ali. E essa verdade pode até não atrair um número gigantesco de seguidores, curtidas e fãs. Mas criará um laço de confiança forte, difícil de se desfazer em um clique.

Amanda Palmer é uma cantora americana que ficou conhecida, entre outras coisas, por ter arrecadado, em 2012, um dos maiores valores para um projeto de música pelo Kickstarter, plataforma de financiamento coletivo. A ideia de Amanda era conseguir 100 mil dólares para pagar as contas do seu novo álbum e fazer uma turnê pelo país. Bom, ela ultrapassou com folga a cifra de um milhão de dólares. Como isso foi possível? Sua busca para entender por que um financiamento (ou um projeto) segue em frente ou não, foi o tema do seu TED e do livro *A arte de pedir* (Intrínseca). Nele, ela expõe algumas reflexões essenciais para quem deseja apresentar sua escrita em um canal digital, livro, projeto.

> *Quando a gente tem medo do julgamento dos outros, não dá para se conectar com eles. Ficamos preocupados demais com a tarefa de causar uma boa impressão. (...) A fama não constrói confiança. Só a conexão constrói. (...)*
>
> *A indústria do entretenimento, que é um reflexo do mundo em geral, fica obcecada com a pergunta errada: como FAZER para que as pessoas paguem pelo conteúdo? E se começarmos a pensar o contrário: como DEIXAR que as pessoas paguem pelo conteúdo? A primeira pergunta é sobre FORÇA. A segunda é sobre CONFIANÇA. Isso não só em relação à música. Em relação a tudo. Já é bastante difícil dar sem medo; mais difícil ainda é receber sem medo.*

O mais bonito da história de Amanda é que, ao analisar de onde vieram as doações, ela descobriu que a base era de seus fãs. Gente que a acompanhava há anos. E Amanda é dessas pessoas que valoriza o olho no olho, sabe enxergar e confiar no outro. Ela aprendeu isso, muito cedo, quando estudava na universidade e, para se sustentar, trabalhava como estátua viva. Ser vista nem sempre era fácil ou simples. Mas quando isso acontecia, uma relação tênue e profunda se estabelecia ali. Foi assim que ela aprendeu a valorizar o olhar, por exemplo. Por isso, quando os tempos de estátua viva ficaram para trás, ela seguiu com seu olhar atento e sensível. Cada fã sempre foi, para ela, não apenas um número, mas uma pessoa. Quando seus shows acabavam e uma fila de pessoas sedentas por um autógrafo se formava, ela se sentava numa mesinha e ficava ali conversando, abraçando e ouvindo, um a um. Era comum demorar mais tempo nesta tarefa do que cantando. E tudo bem.

Está tudo na nossa frente

Assim como as histórias, as ideias e os formatos estão sempre na nossa frente. Basta enxergar, com olhar sensível (já falamos bastante sobre isso aqui, porque a escrita demanda este tipo de delicadeza). O projeto SP Invisível nasceu dessa capacidade de ver o que mais ninguém está enxergando, ao contar as histórias de moradores de rua da cidade de São Paulo. As narrativas sempre vêm junto de uma foto daquele homem ou mulher. É assim que você passa a conhecer Maria, cega, que cuida dos três netos e pede dinheiro nas ruas, sem que eles saibam, para sustentá-los. Ou Laufo e seu cão Capitão, encontrado dentro de uma caixa de sapato. Foi depois da chegada de Capitão em sua vida que Laufo conseguiu reduzir o uso de drogas. A ideia de retratar e dar voz a essas pessoas é dos amigos André Soler e Vinicius Lima, nascida após uma oficina de fotos. Eles perceberam que algo sempre passava despercebido nas imagens: os moradores em situação de rua. "Mesmo quando apareciam nas fotos, essas pessoas estavam distantes, não estavam sendo fotografadas. Elas continuavam invisíveis", contou André, em reportagem publicada na revista *Vida Simples* ("A vida que ninguém vê", dezembro de 2017). Essas e outras histórias estão em uma página no Facebook:/spinvisivel. "É um jeito de dar voz e dignidade para essas pessoas. Dar valor para essas histórias. Para que a gente possa abrir os olhos e começar a ver essa realidade", acredita André.

A partir do momento em que você domina uma narrativa e os caminhos que o levam até ela, você percebe que pode contá-la de maneiras variadas, que não necessariamente passam pela escrita. Há diversas pessoas e grupos que estão, por exemplo, contando histórias por meio do bordado. Os desenhos podem trazer narrativas sobre a sexualidade feminina, a liberdade de escolha das mulheres, a graça presente nas plantas, a delicadeza e beleza das cenas do cotidiano. Entre a linha que vai e vem, tem muita gente transformando esta arte antiga em histórias lindas e cheias de alma. Tem quem diga que até mesmo os caminhos que as linhas percorrem contam uma história. Por isso há os que preferem não esconder o avesso do bordado.

A designer cingapuriana Teresa Lim registra os lugares que visita não por fotografias, mas com bordados. Esse seu hábito fez nascer o projeto Sew Wanderlust. Segundo ela, ao terminar um bordado, ela sente que realmente conhece aquele lugar. Teresa já bordou dezenas de cidades como Paris, Luxemburgo e Amsterdã. O resultado de seus trabalhos pode ser visto em seu perfil pessoal no Instagram (@teeteeheehee). Com sua arte, ela nos faz repensar sobre a maneira como enxergamos – e registramos – os lugares por onde passamos. Outro exemplo de trabalho no Instagram é o Parisian Floors (@parisianfloors). São imagens feitas de cima para baixo. É possível ver um pedaço do sapato e o chão. E quem conta a história é o chão. Cada piso tem uma narrativa: quando surgiu aquele lugar, em que época, quais pessoas já pisaram ali (trabalhadores, nobres, artistas). Por meio dos cliques dá para conhecer um pouco mais de Paris saindo dos roteiros prontos. Tudo pelo chão, admirando os pisos variados de praças, museus, lojas. Seu idealizador é o alemão Sebastian Erras, que tem como paixão fotografar, viajar e explorar coisas novas. Ele também criou os perfis @cubanfloors, @londonfloors e @barcelonafloors.

Um projeto que navega muito bem por várias mídias é o Me Explica? (meexplica.com), do jornalista Diogo Antônio Rodriguez. E veja só como as coisas nascem. Diogo sempre gostou de explicar temas complicados de um jeito simples. Por conta disso, ele costumava ouvir de amigos, conhecidos, colegas de trabalho: "Me explica por que o ministro da economia tomou essa decisão?"; "Me explica quais as consequências dessa medida?" Diogo é pessoa que gosta de estudar e entender temas espinhosos para a maior parte das pessoas, como economia e política. Quando não sabe a resposta, ele pesquisa, lê, conversa com quem sabe e transforma isso em algo que fique claro para qualquer um. Dessa forma, ele transformou uma tarefa prazerosa em algo realmente rico para as outras pessoas. Por meio de cinco ou seis perguntas simples, ele responde, de maneira clara – e sem linguagem técnica – assuntos como PEC 181, a reforma política brasileira, o ataque dos Estados Unidos à Síria. O tema é árduo e a escrita é afetuosa.

Vídeos

Minidocumentários que contam histórias de pessoas, mudanças de vida, projetos que nasceram pequenos e ganharam o mundo, também são um caminho. Se você acredita que essa é a sua estrada, siga por ela. De novo, não precisa nascer de um plano mirabolante. Nasce no dia a dia. Há alguns anos conheci o Grandmas Project (Projeto Avós, em tradução livre), do cineasta francês Jonas Parienté. A inspiração é sua avó Suzanne, carinhosamente chamada de Nano, uma egípcia que mora há décadas em Paris e que sempre teve na comida um ponto de contato com os filhos (e, posteriormente, com os netos). Jonas colocou o projeto numa plataforma de financiamento coletivo em 2015 e conseguiu, dessa forma, viabilizá-lo (muita gente consegue concretizar suas ideias dessa maneira). O resultado pode ser conferido no site do projeto (grandmasproject.org). Todos os filmes têm legenda em inglês e duração de, no máximo, 8 minutos. O mote é sempre a receita preferida da família. O projeto recebeu apoio da Unesco.

A ideia do Grandmas Project surgiu numa noite de insônia, em janeiro de 2013, quando Jonas iria completar 30 anos e sua avó, Nano, 80, conforme me contou em entrevista publicada no site de *Vida Simples* ("Receitas de avó", fevereiro de 2016).

> *Eu havia acabado de terminar meu primeiro filme,* Next Year in Bombay, *e ainda não tinha me envolvido com nenhum outro projeto com o qual me identificasse. Foi então que me lembrei de uma ideia antiga, guardada na gaveta. Era um filme que comecei a fazer em 2005, sobre minhas duas avós; uma nascida na Polônia, em 1916, e a outra no Egito, em 1950. Ambas migraram para a França. E eu só me reconectava com minhas raízes, ora polonesas, ora egípcias, quando comia os pratos preparados por uma das duas. Foi então que tive um clique: a comida era o fio condutor da minha história. Mas certamente não era só da minha história, mas a de muitas outras pessoas. Então, aquele não poderia ser um projeto só meu, mas de vários cineastas. No início, eu visitava Nano e ficava filmando enquanto ela preparava suas receitas tradicionais. Sua única preocupação naquele momento era a de que eu mostrasse o filme para desconhecidos, afinal, na cabeça dela, ela não era ninguém. Ela percebeu que aquilo era algo maior – e não apenas um passatempo do*

neto – quando o financiamento coletivo começou a ganhar corpo e o projeto caiu no gosto da mídia. Saíram algumas notícias e ela recebeu ligações de pessoas elogiando o trabalho, a iniciativa. Acho que ela realmente nunca se deu conta da proporção e da dimensão que o projeto tem. No fundo, sua intenção sempre foi me ajudar. Para mim, receber o apoio da Unesco foi a prova do poder que a cozinha e que a comida têm nas relações das pessoas. Muita gente veio me contar sobre as receitas de suas avós e a influência disso em suas vidas. E acredito que o projeto esteja ajudando muito na preservação dessas histórias familiares, dessas relações e receitas. Às vezes, as pessoas não se interessam em preservar isso. Acabam negligenciando um pouco esse contato com as avós. E espero que agora elas se sintam mais animadas ou encorajadas a alimentar esse contato, a conversar mais sobre as histórias de vida de seus antepassados e sobre as receitas de família.

Fotografias

Outra possibilidade (que eu adoro) é construir uma narrativa por meio de imagens, sem que você, necessariamente, precise escrever – mas não é proibido, claro. Às vezes passamos tempo demais nos fotografando e postando nas redes sociais e deixamos de perceber o que nos cerca. De novo, não fique preocupado com os limites técnicos. Seu celular pode ser um ótimo ponto de partida. Vivian Maier, uma babá norte-americana que passou sua vida no total anonimato – ela nasceu em 1926 e morreu em 2009, sem deixar herdeiros –, era uma exímia fotógrafa do cotidiano. Mas isso só foi descoberto recentemente, quando algumas caixas com seus pertences pessoais foram parar em um leilão. O comprador que arrematou o lote com parte de suas caixas, ao abri-las, deu de cara com uma porção de negativos. Muitos. Ao revelá-los, encontrou registros lindos do cotidiano. Eram cenas comuns, mas de uma beleza incomum. Aos poucos, ele foi comprando as outras caixas com tudo o que havia pertencido a Vivian e reuniu um acervo de mais de 100 mil fotografias. Essa história virou documentário, livro e exposição, que já rodou o mundo. Vivian conta, através de suas fotos, o cotidiano norte-americano por várias décadas.

Gosto muito também do olhar do fotógrafo curitibano Henry Milléo. O primeiro contato que tive com ele foi em 2015. Um amigo em comum nos apresentou, e Milléo me contou sobre o registro que fez ao acompanhar por três anos o trabalho dos tocadores de sino da catedral de Curitiba. O ensaio foi publicado em *Vida Simples* ("Os sinos da catedral", dezembro de 2015) e rendeu, junto com as imagens, este texto lindo:

Lá no alto da catedral de Curitiba, no Paraná – entre as sombras da torre à direita de quem olha de frente –, um grupo de garotos, alguns vestidos com mantos, outros com roupas sóbrias e colares de fita com crucifixos, espera observando pelas frestas das janelas a aglomeração dos fiéis na praça. O que eles aguardam é a hora do Glória, a parte da celebração do Corpus Christi, na qual o grande sino, que fica no topo da torre, ganha voz. Nesse momento, tudo vibra: as paredes da torre, o reboco de cimento e o madeirame da armação que sustenta tudo. Os meninos, que estão ali assumindo a função de sineiros, tampam como podem as orelhas enquanto martelam com força o badalo do gigante de ferro e puxam as cordas, produzindo um som agudo. O trabalho é sério, e é visível no rosto de cada um a concentração no ofício de fazer soar aquilo tudo, mas também é possível perceber alguns sorrisos nos rostos daquele grupo animado de moleques. Eles dão risadas, conversam e mexem no celular enquanto aguardam o momento certo de fazer as bocas escancaradas dos gigantes de metal rugirem.

Mais recentemente, Milléo publicou outro ensaio simples e profundo: as imagens do último dia em que a gráfica do jornal em que trabalhou por anos funcionou – ele passou a ter versão apenas online. Eram fotos de máquinas, rolos de papel, jornais empilhados, marcas das mãos sujas de graxa em uma parede do lugar. O material, em preto e branco, contava mais do que o último dia de serviço. Falava sobre o tempo das coisas, o fim de um ciclo, o início de outro, a saudade que fica, a memória. As imagens vinham acompanhadas do texto a seguir:

> Uma das coisas que eu gostava de fazer quando trabalhava em uma redação de jornal era aproveitar os poucos momentos de folga para "dar um giro" na área de impressão fora do horário do *rush* da coisa. Com a rotativa desligada, as luzes apagadas e sem viva alma por perto, era um lugar tranquilo, bom para pensar e conversar com os próprios botões. Ficar por ali, ler o jornal com calma, respirar aquele ar com uma mistura de tinta e papel. Aquele maquinário gigantesco parado, silencioso, era uma máquina do tempo. Dali a algumas horas aquelas bobinas de papel estariam cheias de notícias que os leitores só saberiam no dia seguinte. Era divertido saber que eu poderia aguardar o jornal de amanhã um pouco antes dos demais. A rotativa era um Monte Olimpo, com seus deuses que previam e

escreviam o futuro. Nessas muitas visitas eu carregava minha câmera. E pouco a pouco fazia alguns registros de tudo aquilo. Um resguardo solitário de um tempo congelado. Em maio deste ano, o jornal em que trabalhei por tantos anos publicou sua última versão impressa. As máquinas ficarão, a partir de agora, permanentemente silenciosas.

["O silêncio da rotativa",
Vida Simples, setembro de 2017]

Busque suas inspirações

Por fim, busque inspirações nas pessoas que você admira, pesquise o que elas andam fazendo por aí. Mas nunca se esqueça de que para encontrar a sua voz é preciso, antes de qualquer coisa, se ouvir. Para entender melhor isso, liste seus hobbies, atividades que lhe fazem bem, proporcionam prazer e satisfação: se gosta de cozinhar, de cultivar suculentas, de costurar, de observar as folhas, de clicar caixas de correio antigas, de pontuar seus caminhos diários pelas árvores ou casas. Qualquer um desses itens pode ser seu ponto de partida. E nunca se intimide por receio de parecer piegas, bobo ou pouco criativo.

Algumas pessoas me perguntam se escrever com alma demanda talento. Ou se perceber o mundo com mais sensibilidade é algo apenas para quem já nasceu com essa habilidade. Eu acredito que todos viemos do mesmo lugar e nascemos iguais. Conheci pessoas que nunca frequentaram a escola ou têm um grau de escolaridade baixo e são de uma sabedoria e sensibilidade profundas para as coisas da vida. Cada um tem sua própria voz, seu caminho, seu talento. A escrita é para todos. E olhar com mais sensibilidade e percepção é uma escolha, uma opção, que às vezes dá um certo trabalho. Demanda um querer, uma vontade de sair desse sono profundo em que às vezes nos encontramos e, finalmente, viver.

O texto que selecionei para fechar mais este capítulo – e esta etapa para escrever afetuosamente – foi escrito em maio de 2017. É o editorial (a "carta ao leitor") da edição 183 de *Vida Simples*. A chamada principal era: "A fé de cada um." E, de certa maneira, acredito que para chegar até aqui e seguir adiante é necessário fé em si mesmo. Eu cheguei até aqui porque não duvidei das minhas ideias, do saber que nasceu comigo e daquele que acumulei ao longo da vida. E você? Que tal começar a acreditar mais em si mesmo? Será uma experiência e tanto. Pode crer.

Acordei de madrugada com o telefone. Era meu pai. Minha mãe não estava bem. Ele não é o tipo de pessoa que iria me chamar no meio da madrugada por conta de um mal-estar bobo. Moramos no mesmo prédio, e isso facilita muito as coisas. Minha mãe estava com as mãos geladas, assustada com o que sentia e balbuciava que "não iria aguentar". Meu pai estava sem direção – eles estão juntos há 50 anos. Disse a ele que precisávamos levá-la para o pronto-socorro. Corri para o armário atrás de uma roupa. Fiquei ali, por alguns segundos, olhando para aquelas peças penduradas. Mas nada daquilo fazia sentido. As roupas não faziam sentido. Ela precisava apenas ir. O que ela vestia, de verdade, não importava. Peguei a pantufa no canto do armário. Coloquei-a nos pés dela e me aproximei: "Mãe, você vai de pijama, tudo bem?" Ela aceitou com a cabeça. Minutos depois, me vi na emergência do hospital com uma sacola plástica branca nas mãos. Lá dentro, o pijama e um roupão azul, o mesmo que ela tem desde a minha infância. A roupa, de novo, não fazia o menor sentido. Horas depois, ela recebeu alta. Foi apenas um mal-estar, mas que ganha tons delicados quando a vida dá sinais de desgaste. Já em casa, olhei para minha filha de 8 anos, dei um beijo nela e disse o quanto a amava. Aquilo fazia sentido. A linha que nos conecta é tecida pela convivência, pelo amor. Minha mãe está numa ponta e minha filha, na outra. Quando falo sobre fé não é necessariamente sobre religião, mas a fé que transcende, que dá sentido para a vida. Porque a roupa, de novo, não importa.

["A fé que nos habita", Ana Holanda, *Vida Simples*, maio de 2017]

Exercício sugerido

Pense e coloque em prática um projeto que seja só seu. Vale criar uma página no Facebook com seus escritos, um blog, uma conta no Instagram, no YouTube. Pense em algo simples. A ideia é apenas fazer com que você se sinta mais à vontade com a exposição e perca o medo de escrever e de colocar suas ideias no mundo.

9. ESTAMOS JUNTOS

Uma palavra. Só é necessária
uma única palavra para expressar o que
somos juntos: uma família.

Dias desses, durante o café da manhã, eu e meu marido conversávamos sobre aquele ser o último dia da Maria, minha enteada, em casa. Ela havia passado os últimos 30 dias comigo em uma convivência intensa. Férias da escola. Para mim, estar próximo dela é sempre um prazer. Maria, que está entrando na adolescência, é doce, delicada, silenciosa e, quando sorri, seu rosto ganha duas covinhas. Toda vez que olho para ela, ainda vejo a garotinha de cabelos cacheados, presos em uma maria-chiquinha, eufórica para ir ao zoológico.

Enquanto escrevia este livro, ela foi minha companheira constante. Ela gosta de livros e leu, literalmente, um livro por dia enquanto eu, do outro lado da sala, produzia um. Maria conversa comigo sem precisar dizer uma única palavra. Ela entende meus silêncios, respeita. Sou muito grata por ela existir em minha vida. Então, vê-la partir me doeu. E foi exatamente por tudo isso que, no último dia dela comigo em casa, eu chorei. Olhava para ela e meus olhos já inundavam. Era um sentimento estranho de tristeza pela partida, mas também de alegria por saber que existe amor entre a gente, por ter certeza de que a distância não reduz o que sentimos uma pela outra. Meu marido, pessoa pragmática, me disse que eu deveria ser mais forte e, para isso, que chorasse menos. Expliquei que chorar não era sinal de fraqueza. Às ve-

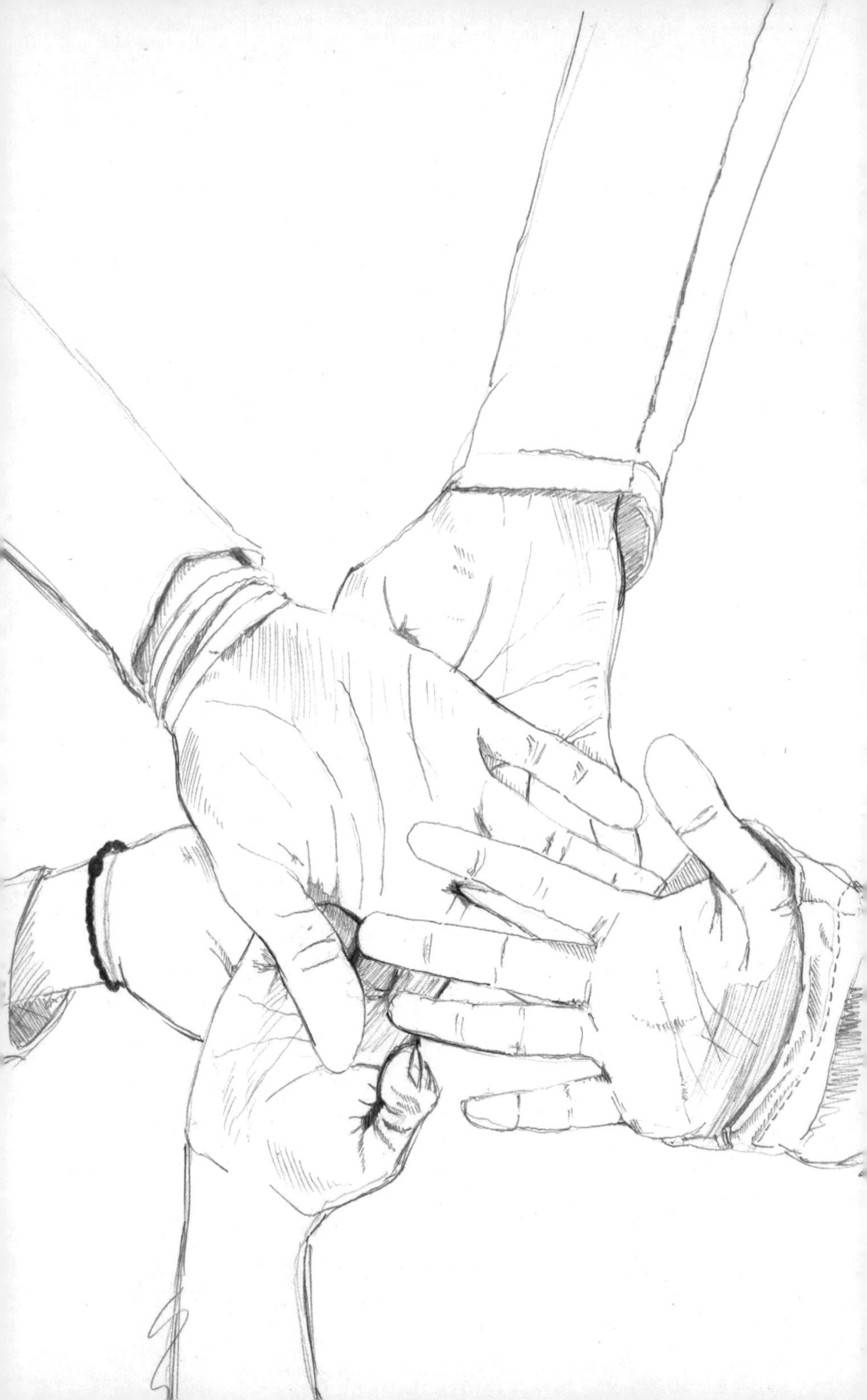

zes, na verdade, acho que é de uma força enorme. Porque é preciso coragem para se expor, demonstrar, colocar sua alma tão à mostra.

Neste dia, Maria se foi, mas deixou um recado para mim, escrito na porta da geladeira: "família." Uma palavra. Só é necessária uma única palavra para expressar o que somos juntos: uma família. É assim que me sinto em relação aos meus alunos ou aos meus leitores: uma família. No nosso caso, a gente se encontra e se reconhece pela palavra. É isso o que nos une, a palavra carregada de alma, de sentimento, sem receio de se mostrar, se expor, deixar a alma nua.

Ao terminar este livro, sei que uma parte de mim segue com ele. E não poderia ser diferente. A saber, chorei ao colocar o ponto final na última linha. Um texto nasce e um livro também, e isso me emociona sempre. Da mesma maneira que me emociono quando recebo cartas escritas a mão, mensagens pelo Facebook, e-mails de alunos agradecendo e contando sobre como a escrita afetuosa mudou seu olhar em relação à vida e, claro, à própria escrita. E eu, que nasci cachoeira, choro de novo e de novo. Guardo todas as mensagens, que servem também como um lembrete para que eu nunca duvide deste caminho que decidi seguir. Faz sentido, e não só para mim. Porque nunca é só sobre mim. É também sobre o outro. É compartilhar amor, é olhar com igualdade pelas palavras, é força (ganhar e doar). É tudo isso em algo tão simples: a escrita.

Por isso, este capítulo é dedicado a todos os meus alunos e leitores. Acho que vocês não têm ideia do quanto me tocam, sempre. Pedi que alguns deles escrevessem um texto sobre como foi o encontro com a escrita afetuosa em suas vidas, medos, mortes e nascimentos – e sou muito grata por eles terem aceitado, com generosidade, meu pedido. O objetivo não é falar do incrível que existe na Ana, mas do incrível que existe em cada um deles. O objetivo é que você, leitor, se reconheça. E, assim, sinta-se parte desta família, sinta-se como quem volta para casa, para a sua essência, sua raiz. Seja bem-vindo.

Tinha alguma coisa na descrição do curso Escrita Afetuosa que era diferente; não era igual às oficinas que vemos por aí. Algo me empurrou. A intuição falando: "Vai lá e faz!" Fui, fiz, e como valeu a pena... Ana me fez entender outra dimensão do texto. Escrever é se soltar, se destravar, se entender consigo mesmo, se entender com o outro. A Escrita Afetuosa aproxima as pessoas. Faz bem para quem escreve e para quem lê. O curso, mais que aprender a elaborar textos, é aprender a compreender-se no mundo, desenvolver o olhar, prestar atenção nos detalhes, enriquecer a vida. Olhar e ver; ver e reparar. Resgata o que não conseguimos enxergar, "o que foi escondido é o que se escondeu". É afeto escrito, externado, espalhado, eternizado. Há cursos que nos ensinam técnicas, aguçam nossa curiosidade, entretêm, desenvolvem profissionalmente e pessoalmente. A Escrita Afetuosa é muito mais que isso. A Escrita Afetuosa nos faz bem, e nos faz fazer bem.

Roberto Socorro, São Paulo, SP

Quando comecei a ler os textos da Ana me encantei com sua escrita tocante. Cada parágrafo parecia ter sido escrito com a alma, com o coração, não dava para sair indiferente da leitura. Os textos nos aproximam dela, mesmo sem conhecê-la pessoalmente parece que somos íntimos. À medida que eu lia – de assuntos bem variados –, ia me apaixonando mais e mais pela leitura que sempre me afetava, impactava... E tudo era escrito de uma forma clara, transparente, amorosa e por que não dizer, simples. A impressão que passava era que ela não tinha medo de se expor e isso tornava a leitura especial. Ao ter a oportunidade de fazer o curso de Escrita Afetuosa tive o mesmo impacto positivo. No curso, pude confirmar que tudo que eu lia estava presente na essência da Ana, e isso fazia toda a diferença. Isso trouxe para mim uma nova forma de enxergar e lidar com a escrita. E como repórter de uma revista semanal, me fez repensar a forma de escrever, trazendo caminhos diferentes. Saí do curso bem reflexiva com tudo o que tinha escutado. Pensei por várias semanas sobre tudo o que ela havia compartilhado e o que faria com aquilo. A Escrita Afetuosa me deu a oportunidade de repensar minha forma de escrever, de pensar no texto, de caminhar e conversar com as palavras, e isso foi lindo. Posso dizer que foi um reencontro comigo e com a escrita. Fazer o curso me fez ter a coragem de mudar a minha forma de escrever. Me ajudou também a refletir sobre a importância do jornalismo. Cada texto ganhou um significado especial. Não tenho dúvidas que foi um recomeço para mim.

Kátia Camargo, Campinas, SP

Andava pela rua distraída quando, de repente, ouvi meu nome. Foi meu nome mesmo que ouvi? Olhei à procura de alguém. Não vi ninguém. Dei dois passos e ouvi de novo. De novo procurei. Passava por uma banca e, sei que é estranho, mas era uma revista que me chamava. Ela me disse: "Andréa, tô aqui pra você." A chamada de capa aplacava o meu momento e tive uma insana certeza: foi escrita para mim.

Tenho o hábito de começar a ler revistas de trás para frente. Não sei o porquê exatamente. Essa revista me chamou, me cativou, me pegou pela mão e me levou pelos caminhos em que foi escrita. Tive certeza que eram aquelas pessoas que me levavam, não somente as palavras que escolheram para me levar, mas as histórias que contavam. Quase pude sentir suas mãos. Quando cheguei no texto da editora, estava assinado: Ana Holanda. E, ali, tive a sensação de que já a conhecia. Talvez porque tenha começado a revista de trás pra frente. Talvez ainda por ter percebido a extrema sensibilidade da proposta de construção das matérias. Ou talvez até pela escolha de uma turma boa de colunistas. Mas provavelmente, e penso nisso cada dia mais, foi por ela ter se colocado em meu lugar e adentrado a minha vida com uma assertividade assombrosa. Sem. Nem. Saber. Que. Eu. Existia.

Fui atrás dela nas redes. Mandei mensagem cuidadosa. Não queria que ela pensasse que eu era uma louca. Outro hábito que tenho: tentar esconder das pessoas a minha loucura. A gente sempre acha que está sozinha nisso. Ana respondeu gentilmente. E seguiu nesse gesto, tendo que me aturar bravamente, sabendo que não se contrariam os loucos. Sem nunca perder a doçura, jamais. Graças a isso, pude ver que ela daria um curso de escrita criativa e afetuosa. "Mas em São Paulo? Puxa, Ana! Faz um aqui no Rio também?", pedi eu, aflita. E ela, como se já não tivesse me atendido em tanta coisa à distância, um dia o fez. E eu fui. E não fui sozinha. Levei tudo que havia em mim para ser transformado. Fui sem saber o que iria encontrar. Mal sabia eu que era comigo mesma esse encontro.

Tenho meio século de vida. Sempre gostei de escrever. Mas entre gostar, saber e estar preparada vai um longo caminho. Eu achava. Aprender sobre escrita afetuosa foi a segunda experiência que mais redimensionou a minha vida. A primeira foi o nascimento do meu filho. Sem exagero algum. Parir um filho exige muito de nós. A vida inteira. Exige que troquemos de lugar constantemente, exercita nosso olhar generoso para fora de nós, nos deixa abertos às emoções, vulneráveis, permite que compreendamos o que é prioritário e o que nos afeta. Por completo. Exatamente como a escrita faz conosco. E para tocarmos alguém com ela, precisamos entregar o que há de melhor em nós, sempre nos colocando no lugar do outro.

Isso não é fácil, mas é tão bom. E é um exercício mesmo. Diário. Eu não sabia disso. Achei que bastava saber ortografia, expressar um raciocínio de forma clara e objetiva. Essas coisas que aprendemos na escola, em qualquer grau. Mas a Escrita Afetuosa proposta pela Ana me ensinou que não é só isso. Essa escrita é um filho que parimos e entregamos ao mundo, aos cuidados de cada um que terá a oportunidade de ler aquilo que viajou de dentro de nós até sair em forma de palavras pela ponta de nossos dedos. E essa experiência é tão forte quanto um parto. É verdadeira e, muitas vezes, visceral.

É essa emoção que, verdadeiramente expressa, afetará cada pessoa. É tudo que você vai colocar ali quando trocar de lugar com o outro. Tudo que está dentro de você. Tudo que você nem sabia que estava ali. Tudo que você é, fez, viveu, se recorda. É quando você se coloca nesse lugar, disponível, que consegue tocar a quem te lê. Sem enganos, sem mentiras, sem se esconder. O que toca o outro é o quanto da sua emoção você colocou em cada palavra. Você acha que é a cabeça que escreve, como você concatena cada ideia, quão incríveis são os seus dados, ou ainda quão inteligentes são suas citações. Não. Não é isso que realmente importa. O que fará diferença no fim de tudo é quanto de você está no seu texto.

E pensa que só quem usa esse aprendizado é quem trabalha com jornalismo, publicidade, conteúdos ou quem deseja ser um escritor? Repense. A gente escreve todo dia, cada dia mais. E-mails, posts, relatórios, projetos, anotações, textos corporativos, bilhetes para os filhos, mensagens de WhatsApp, cartões de aniversário, receitas de família, diários. Tudo é escrita. E alguém do outro lado vai ler, também com olhos e com coração. A escrita afetuosa está em todo lugar, até quando você não escreve uma letra sequer. Olhar para si antes de falar altera todo um modo de pensar seu entorno, seja ele qual for, e isso se refletirá também na forma como você escreve um simples bilhete, porque isso é você. Quando compreende os conceitos da Escrita Afetuosa, até seu gestual fica mais cuidadoso. Você se dá conta que tudo em você é expressão. Ficou claro pra mim que, se todos nós pensássemos melhor, se ativássemos nossa empatia o tempo todo, o mundo poderia ser mesmo completamente outro.

Para mim tem sido. No meu horizonte é como se houvesse uma porta fechada e a Ana chegou, me sorriu, me contou sobre quem era, quis saber de mim, me mostrou os caminhos que a escrita percorre dentro da gente e me deixou de cara pro espelho, de olhos fechados, coração na boca, lápis e papel na mão. Eu respirei fundo e me senti completa, com tanta coisa pra sair de mim. Foi assim então. Foi assim que eu, nesse dia, me pari.

Andréa Samico, Rio de Janeiro, RJ

Busco nas minhas memórias que imagem poderia refletir com mais fidelidade a viagem à qual a Ana me conduziu durante o curso de Escrita Afetuosa. Precisei sair do escritório, tirar os sapatos e pousar os meus pés delicadamente na grama úmida e cheirosa do quintal da minha casa para que pudesse, uma vez mais, sentir no corpo as maravilhosas sensações que a leveza me traz. Seu curso me proporcionou exatamente isso, uma leveza no meu olhar, antes enrijecido e maltratado por anos de alimentação precária. Tudo no curso me alimentou, a suavidade da sua voz, a força do seu sorriso, os muito cheiros que pude sentir a cada exclamação, a cada vírgula e, principalmente, a cada interrogação, que não trazia junto a resposta prática e rápida das comidas pouco nutritivas, mas que carregavam em si respostas que requerem tempo, contemplação e amor para que assim eu pudesse enxergar a sua beleza e me satisfazer, definitivamente, longe do campo binário e sim, na infinita abundância da multiplicidade do mundo e das pessoas. Ganhei beleza, uma grande mestra e uma amiga que levo no meu coração, mesmo (agora) a milhares de quilômetros de distância.

Hellene Louise Silveira Fromm, Argentina

Meu primeiro dia de encontro com a Ana e com a escrita foi também o primeiro dia dos mais longos quatro meses da minha vida. Não foi fácil deixar dois filhos pequenos em Curitiba para trabalhar em São Paulo. Eu sempre fui uma mãe presente e confiante, mas, nesse período de solidão e de saudade, o sentimento de culpa veio à tona e aproveitei para mergulhar em mim, na minha própria ausência, usando as palavras. Sim, Ana Holanda faz de suas aulas uma profunda terapia. De que adianta escrever para o outro sem se revelar, sem se descobrir? A Ana é mãe também. E de fala tão doce e verdadeira quanto a sua escrita, sabe escolher as palavras certas para nos emocionar em aula. Ou melhor, para nos encontrar. Ela diz – e comprova isso em cada letra – que "escrita é encontro", consigo mesmo e com o outro. Sem me prender a técnicas, fatos ou histórias extraordinárias, seguindo seus conselhos, consegui olhar com generosidade para detalhes que, antes, passavam despercebidos por mim. No segundo dia de aula, Ana pediu para escrevermos sobre a última foto que aparecia no celular e, sem querer, encontrei o tom que deu vida àqueles temidos dias que ainda estavam por vir.

Ela é mãe, mas não está.
Há dias dorme sem histórias, sem risadas e sem beijinhos até dizer chega.
De longe, seus sonhos acolhem; vive abraçada, com tempo, por perto.
Mas, ao despertar, sente falta, abre a janela e deixa o sol entrar.
Já não está mais sozinha. E nem tão vazia como a mesa da cozinha.
Num impulso, a luz que entra da janela dá lugar à luz que vem do celular.

E ao ver sua foto em cima da mesa de lá, finalmente percebe que, além de ser, ela está.

Izabel Duva Rapoport, São Paulo, SP

Desde criança, eu sempre gostei de escrever cartas. Na época não havia internet, logo, este era um meio de comunicação bem comum – principalmente entre pessoas que moravam muito longe. Lembro que a primeira foi para o palhaço Bozo e enchi o envelope de textos, desenhos e muitas cores. Mal conseguia fechá-la de tão gordinha que estava.

Eu sempre adorei a aula de educação artística. Inclusive, até a terceira série tive uma professora muito especial chamada Marina Célia, que foi um anjo na minha vida. Ela trazia bonecos de pano, jogos diversos, instrumentos musicais indígenas e muitos livros de histórias direto de sua casa, pois como nossa escola era pública, tinha poucos recursos financeiros para tal. Ser de sua turma era quase um status na escola inteira.

A partir da quarta série, agora sem Marina para me acolher, comecei a me fechar cada vez mais rápido. "Desenhar e pintar não era coisa de homem." "Expressar emoções é coisa de mulherzinha." E assim o *bullying* amedrontou aquela criança livre, que se escondeu em algum lugar do inconsciente e deu lugar a uma sombra que tinha medo de todo mundo, falava pouco e vivia isolada em um quarto.

Depois dos meus 18 anos, ainda tímido, sentia necessidade de expressar minhas emoções de alguma forma. Como não conseguia verbalizar, voltei a escrever cartas. Inicialmente somente para mim, depois para alguns poucos amigos. Contava a eles o quão feliz me sentia com algum momento recente que havíamos compartilhado. Após algum tempo, até me atrevi a enviar a pessoas que só havia visto uma única vez, mas participaram destes momentos.

Com este movimento, algo estranho ocorreu. A maior parte delas me dizia que havia se emocionado demais com meus textos. Arrisco dizer que muitos choraram – incluindo um homem que era tão "duro" que não se emocionava nem com mensagens de amor da própria namorada, e uma família inteira que foi passando a carta de mão em mão. Continuei fazendo isso, mas sem dar muita importância a este fato.

Até que em janeiro de 2017, agora com 38 anos, após a insistência de meu gerente e de alguns amigos, resolvi investigar a possibilidade de ter um escritor dentro de mim. Bem incrédulo, busquei no Google um curso de escrita para iniciantes.

Acredito muito em *sincronicidade* (o famoso "nada é por acaso"), e às vezes ela se mostra de uma forma muito mágica para mim. Nesta busca, um dos primeiros resultados foi um curso chamado "Como se encontrar na escrita". "Meu Deus, é isso o que preciso!", pensei. Ao clicar no link, fui levado ao site da The School of Life, justamente a escola que eu estava namorando há meses para conhecer. Se não bastassem todas estas dicas do universo, o curso seria dado por nada mais, nada menos, que Ana Holanda – editora-chefe da revista *Vida Simples*, que eu leio sempre. Daí comecei a congelar por dentro. Quando li que no terceiro encontro iríamos escrever um texto e ela mesma avaliaria e nos daria um *feedback*, todos os meus medos de rejeição se apresentaram à minha frente. Ouvi várias vezes em minha mente "Você é uma fraude", "Ela terá pena de você e dirá que é esforçadinho apenas para não te magoar", "Esqueça isso, você só irá se machucar". E o pior: "Você se humilhará perante uma pessoa que é importante para ti. Você quer mesmo pagar este preço pelo resto da vida?"

Após três dias, decidi ignorar estas vozes e me arriscar. Logo no primeiro dia de curso, as vozes sabotadoras voltaram: "Olha aí, só há escritores amadores e blogueiros na turma, você vai passar vergonha, te avisei", "Bem feito, agora o que era felicidade virará desilusão e terror!" Apesar das intimidações, continuei com esperança.

Próximo da última aula, havia chegado o momento crítico: desenvolver o texto. O tema era livre e eu não tinha a menor ideia do que escrever. A única certeza que tinha é que só havia uma única possibilidade e deveria ser certeira. Após algumas horas, confiei no meu coração e resolvi usar a minha mais famosa arma: a emoção. Escrevi sobre o dia em que vi uma peça de teatro que mudou minha vida e enviei por e-mail para a Ana, bastante emocionado e aflito.

No dia 22 de fevereiro, cheguei à escola bem nervoso. Ela foi chamando cada aluno, e quando chegou a minha vez, fui de cabeça baixa. Olhei em seus olhos e ela abriu um imenso e lindo sorriso, que me encheu de esperança. Cada elogio recebido era uma flecha no coração de cada sabotador dentro de mim. Ao final, soube que havia sido um dos melhores textos da turma. Não pela parte técnica, mas sim pela profundidade do conteúdo. Senti uma felicidade absurda e me emocionei. Recebi este presente dois dias antes do meu aniversário.

Através de seu curso, Ana me ajudou a resgatar não só aquele artista que estava escondido por medo de rejeição, como amorosamente me encorajou a acreditar em meus sonhos. Me ensinou que nada é impossível, quando feito com coragem e coração. Hoje, exatamente um ano depois, fui agraciado com um pedido de Ana para escrever este depoimento em seu livro. Um texto que ficará eternamente registrado em algo tão precioso e querido para ela. Após este convite, decidi começar a escrever meu primeiro livro. E não pararei por aí, pretendo experimentar pintura, fotografia, artesanato, dança, ioga e quem sabe violino. Como diria Jung: "Eu não sou o que me acontece, eu sou o que escolho me tornar."

Gleidson Matsuda, São Paulo, SP

Quando a Ana me colocou em contato com a Escrita Afetuosa comecei um processo delicado ao desaprender. Desaprender todas as regras e convenções que me atavam as mãos, que me impediam de tocar a quentura e sentir a densidade das coisas. Parti para um mundo onde a escrita não nos prende em regras e tarefas a serem cumpridas, mas nos abraça na leveza, na liberdade e humildade. Assim me conscientizei de que o poder é ilusório e que desempenhar o papel de dominadores da palavra nos paralisa. É quando deixamos o texto fluir que notamos quanto ele carrega de nós. Entendemos que nós somos aquilo que escrevemos: um fluxo que nos faz escolher como falar sobre o que nos move, é o mesmo fluxo que nos faz escolher caminhos para as nossas vidas. E foi nessa humanização que senti os leitores aceitarem o meu convite e se abrirem para o diálogo. Quando isso aconteceu, não tive dúvidas que estava no caminho certo. Minha transição para essa filosofia foi devagar. Não porque foi difícil, mas porque passei a pensar e escrever mais lentamente. Em tempos tão acelerados, a escrita afetuosa é, para mim, um resgate de valores. Uma oportunidade de honrar as pessoas, histórias e memórias. De celebrar, conectar e conversar.

Camilla Cristini, São Paulo, SP

A escrita afetuosa me despertou. Quando decidi fazer o curso com a Ana, lá no finalzinho de 2016, fui em busca de uma palavrinha só que me fizesse acreditar de novo que escrever era mesmo algo para mim, já que passei boa parte do tempo ouvindo o contrário. Só que aí, a Ana foi lá e fez mais: me mostrou que, quando a gente faz algo com o coração (seja escrever ou sonhar), não há como dar errado. Ela faz a gente acreditar que tudo é possível. E a gente vai e descobre que realmente é. Por isso, para quem me pergunta se ele vale a pena, eu digo que o curso não é uma aula sobre como escrever, como estruturar parágrafos e como montar ideias. O curso é uma oportunidade de olhar pra si mesmo e para tudo que há em volta, parte daquilo que somos realmente. E é aí que a escrita afeta, toca, acha espaço para chegar. Eu sou muito grata, principalmente por ter reaprendido o meu caminho e ter seguido por ele com amor, desde então.

Débora Gomes, Belo Horizonte, MG

Exercício sugerido

Escreva um texto sobre alguém que lhe ensinou algo valioso: sua mãe, seu pai, uma tia, uma professora da infância, um amigo. Escolher uma pessoa tão próxima pode parecer um caminho fácil, mas é preciso ter muito foco para não se perder nas ideias genéricas (o que aprendi sobre amor, generosidade, amizade). Uma sugestão é escrever também um texto sobre algo que aprendeu com um desconhecido. Sabe aquelas conversas que surgem com o desconhecido no ônibus, em uma fila, na mesa de um bar? Então, encontros assim podem ser igualmente profundos (o que aprendi com meu vizinho sobre generosidade; o que um desconhecido na fila do banco me ensinou sobre convivência). E, se essa pessoa for próxima, acessível, entregue a ela o texto. Fará bem para os dois. Ao final desta experiência, você terá a certeza de que a escrita é encontro sempre.

10. UMA ÚLTIMA PALAVRA

Ao longo deste trajeto, percebemos
o quanto de amor existe no simples ato
de escrever. E o quanto ele pode nos ajudar
a encontrar o que há de mais essencial
dentro da gente e nessa experiência
tão intensa que é viver.

Quando meus filhos nasceram, senti uma vontade enorme de mudar de casa. A que eu estava não me cabia mais. Estava pequena demais e cheia de lembranças que não combinavam com a história que também nascia junto com a Clara e o Lucas. Acabei voltando para o bairro e o prédio onde morei por toda minha infância. O mesmo lugar em que meus pais moram até hoje. Tudo ali me parecia muito familiar: a calçada, as árvores, as cores, os cheiros. Era bom encontrar rostos familiares apesar dos anos que haviam se passado. Era gostoso andar pelas ruas que, anos atrás, embalaram minhas caminhadas, meus sonhos e devaneios. Era o ninho de que eu precisava. Foi neste lugar de aconchego que meus filhos aprenderam a ler e a escrever. E a sonhar seus próprios sonhos. Foi neste lugar que dois livros nasceram. Mas agora sinto novamente vontade de voar. Uma parte de mim tem medo de sair do conforto, das cenas familiares, dos cantos que conheço tão bem e que ajudaram a moldar a pessoa que sou hoje. O que será das minhas caminhadas sem as calçadas que domino tão bem? Percebi então que as caminhadas serão apenas diferentes, novas, desafiadoras. Essa casa, esse bairro, vai seguir comigo. Sentir medo faz parte. Lembro que logo após mudar para cá, olhei para a sala tão desconhecida, ainda tão sem história e chorei. Senti falta do meu lar antigo. O tempo passou e me vi, novamente, na mesma posição. É um ciclo, que sinaliza que algo termina para fazer nascer. É assim com as mudanças de endereço, mas também com muitas outras na vida da gente.

Para escrever este livro, passei pelo medo. Eu me questionava se as pessoas iriam entender. Tive receio das críticas. Tomei coragem e comecei a colocar palavra por palavra. E o livro nasceu. Olho para cada página e tenho orgulho desta jornada. Eu sei que, ao ler a última palavra, provavelmente você vai duvidar da sua capacidade de criar e, talvez, depois, vai ter medo de escrever e, mais para frente, terá receio de compartilhar seu texto. É assim mesmo. Porque a vida é assim. Mas é preciso respirar fundo e seguir por este *algo* novo que está se mostrando à sua frente. Tudo bem se parecer estranho no começo. Talvez você decida voltar para o antigo texto, que lhe é tão confortável. O problema é que provavelmente você, agora, não vai mais se sentir confortável com ele. Isso porque você não é mais o mesmo. E o antigo formato não lhe cabe mais. É um caminho sem volta. Mas vale muito a pena.

Quando meus cursos terminam, é comum as pessoas fazerem um silêncio profundo. Chega a doer. É também normal alguém dizer: "Não quero que acabe." Eu sei. Isso acontece porque, ao longo deste trajeto, percebemos o quanto de amor existe no simples ato de escrever. E o quanto ele pode nos ajudar a encontrar o que há de mais essencial dentro da gente e nessa experiência tão intensa que é viver.

Escreva, simplesmente escreva. Com alma.

Aqui não tem texto para compartilhar, a proposta é que você coloque o seu. Guarde-o junto com este livro, e quando achar que perdeu o jeito, a paixão por escrever, releia-o. Isso o ajudará a se reencontrar.

Exercício sugerido

Meu último pedido em forma de exercício é: acredite, faça valer cada palavra. Viva intensamente. Escreva. Está tudo aí dentro. Obrigada por me ouvir. Foi uma jornada e tanto.

FIM

Agradecimentos

Este livro não existiria sem que muita gente tivesse passado pela minha vida. Então ele é dedicado a todas as pessoas que, de alguma maneira, fizeram parte da minha história. Eu aprendi com cada uma delas, mesmo aquelas que me fizeram olhar para o pior de mim ou que me fizeram descobrir que a tristeza existe e ela dói.

Gostaria de agradecer especialmente ao amigo Diogo Antônio Rodriguez, que sempre acreditou nas minhas ideias e me apresentou ao Fábio Seixas e ao Rafael Vettori, idealizadores do Festival Path, que reconheceram a força das minhas palavras e me deram espaço para que eu amplificasse a minha voz.

Ao parceiro de trabalho e amigo Tiago Belotte, que acreditou na força da escrita afetuosa e insistiu, por meses, para que eu transformasse aquela palestra feita no Festival Path em curso. Depois do Tiago, tive outros ótimos encontros com muita gente que seguiu acreditando nas minhas ideias e que vem se transformando, ao longo desses anos, em parceiros para que o curso de escrita afetuosa aconteça em diversas partes do Brasil. Obrigada a todos vocês, que se tornaram anjos na minha vida.

Ao meu editor Bruno Fiuza, que acreditou que a escrita afetuosa podia se transformar em livro antes mesmo de mim. Meu mais sincero agradecimento.

Às minhas amigas de infância Cynthia Mesquita, Georgia Thomé e Madalena Spinazzola, por torcerem por mim e por me ajudarem, desde muito cedo, a enfrentar qualquer obstáculo. Vocês são raízes para mim.

Às minhas amigas de caminho Ana Claudia Cruz, Anna Costa, Magali Balloti e Elenice Lombardo, que foram essenciais em momentos essenciais.

A todos os editores e companheiros de redação que fizeram parte da minha trajetória nestes mais de vinte anos de profissão. Vocês me ajudaram a aguçar meu olhar.

A todos os meus ex-alunos. Eu aprendi com cada um de vocês, cresci e amadureci. Que vocês sigam sendo semente.

À Diana Gabanyi e a Jackie de Botton, da The School of Life Brasil. Vocês abriram espaço para que eu desenvolvesse o curso Como se Encontrar na Escrita, que me transformou de verdade.

À Elena Crescia, pelo convite para falar no TEDx São Paulo, que me permitiu espalhar minhas ideias por aí.

A todos aqueles que autorizaram, de maneira muito generosa, que seu texto fosse publicado neste livro. Suas palavras me tocaram e certamente irão tocar muita gente mundo afora.

Aos meus pais Paulo Holanda Barros e Ligia Menezes Barros, que serão sempre a expressão do amor na minha vida. E aos meus irmãos Patrícia e Paulo por serem parte de quem eu sou.

Ao meu marido Mauricio Grimaldi, por sonhar cada sonho comigo e por acreditar em cada um deles e me fazer seguir em frente, mesmo quando penso em desistir. Você é força, amor, caminho, passado, presente, futuro.

Aos meus filhos Clara e Lucas, que são meu norte, minha luz, minha certeza de que a vida é feita de cheiros, cores, poesia, encontros. Obrigada por compreenderem minhas ausências e por me amarem sem idealizações – esse é o amor mais profundo que pode existir.

A minha enteada Maria, por me aceitar em sua vida, por permitir que eu a amasse e por me amar na mesma intensidade.

Impressão e Acabamento:
EDITORA JPA LTDA.